上海市工程建设规范

道路隧道养护运行评价技术标准

Evaluation technical standard for urban tunnel maintenance and operations

DG/TJ 08—2425—2023
J 16933—2023

主编单位：上海市道路运输管理局
　　　　　上海市道路运输事业发展中心
　　　　　上海城建城市运营（集团）有限公司
批准部门：上海市住房和城乡建设管理委员会
施行日期：2023 年 10 月 1 日

同济大学出版社

2023　上海

图书在版编目(CIP)数据

道路隧道养护运行评价技术标准/上海市道路运输管理局，上海市道路运输事业发展中心，上海城建城市运营(集团)有限公司主编. —上海：同济大学出版社，2023.9

ISBN 978-7-5765-0743-0

Ⅰ.①道… Ⅱ.①上… ②上… ③上… Ⅲ.①公路隧道－养护－技术标准－上海 Ⅳ.①U459.2-65

中国国家版本馆CIP数据核字(2023)第165659号

道路隧道养护运行评价技术标准

上海市道路运输管理局
上海市道路运输事业发展中心　主编
上海城建城市运营(集团)有限公司

责任编辑　朱　勇
责任校对　徐春莲
封面设计　陈益平

出版发行　同济大学出版社　www.tongjipress.com.cn
　　　　　(地址：上海市四平路1239号　邮编：200092　电话：021-65985622)
经　　销　全国各地新华书店
印　　刷　浦江求真印务有限公司
开　　本　889mm×1194mm　1/32
印　　张　4.125
字　　数　111 000
版　　次　2023年9月第1版
印　　次　2023年9月第1次印刷
书　　号　ISBN 978-7-5765-0743-0
定　　价　45.00元

本书若有印装质量问题，请向本社发行部调换　　版权所有　侵权必究

上海市住房和城乡建设管理委员会文件

沪建标定〔2023〕191号

上海市住房和城乡建设管理委员会关于批准《道路隧道养护运行评价技术标准》为上海市工程建设规范的通知

各有关单位：

由上海市道路运输管理局、上海市道路运输事业发展中心和上海城建城市运营(集团)有限公司主编的《道路隧道养护运行评价技术标准》，经我委审核，现批准为上海市工程建设规范，统一编号为DG/TJ 08—2425—2023，自2023年10月1日起实施。

本标准由上海市住房和城乡建设管理委员会负责管理，上海市道路运输管理局负责解释。

上海市住房和城乡建设管理委员会
2023年4月13日

前 言

根据上海市住房和城乡建设管理委员会《关于印发〈2021年上海市工程建设规范、建筑标准设计编制计划〉的通知》（沪建标定〔2020〕771号）要求，由上海市道路运输管理局、上海市道路运输事业发展中心和上海城建城市运营（集团）有限公司等共同编制了《道路隧道养护运行评价技术标准》。

本标准的主要内容包括：总则；术语和符号；基本规定；评价资料准备；土建设施；机电系统；附属设施；运行服务；评价管理；附录A～附录F。

各单位及相关人员在执行本标准过程中，如有意见和建议，请反馈至上海市交通委员会（地址：上海市世博村路300号1号楼；邮编：200125；E-mail：shjtbiaozhun@126.com），上海城建城市运营（集团）有限公司（地址：上海市打浦路600号；邮编：200023；E-mail：SUOGstandard@outlook.com），上海市建筑建材业市场管理总站（地址：上海市小木桥路683号；邮编：200032；E-mail：shgcbz@163.com），以供今后修订时参考。

主 编 单 位：上海市道路运输管理局
上海市道路运输事业发展中心
上海城建城市运营（集团）有限公司
参 编 单 位：上海大学
上海勘察设计研究院（集团）有限公司
上海市建筑科学研究院有限公司
参 加 单 位：上海市政养护管理有限公司
上海浦江桥隧运营管理有限公司
上海城建养护管理有限公司

主要起草人：周晓青　刘兆吉　钱国辉　张建华　戴振宇
　　　　　　　胡　晓　苏东华　王一明　彭崇梅　池　瑜
　　　　　　　孙文耀　朱俊易　管婷婷　包亚敏　胡　珉
　　　　　　　喻　钢　甘丽凝　杜　娟　郭春生　周理含
　　　　　　　王庭博　文水兵　吴华勇
主要审查人：商国平　谢雄耀　杨志豪　王印昌　刘艳滨
　　　　　　　张吕伟　张博锋

上海市建筑建材业市场管理总站

目 次

1 总 则 ·· 1
2 术语和符号 ··· 2
　2.1 术 语 ·· 2
　2.2 符 号 ·· 3
3 基本规定 ·· 4
　3.1 一般规定 ·· 4
　3.2 等级评定 ·· 5
4 评价资料准备 ·· 7
　4.1 设施设备 ·· 7
　4.2 养护运行记录 ··· 8
　4.3 检查检测 ·· 9
5 土建设施 ·· 13
　5.1 评价对象 ·· 13
　5.2 评价流程 ·· 14
　5.3 等级评定 ·· 20
6 机电系统 ·· 22
　6.1 评价对象 ·· 22
　6.2 评价流程 ·· 22
　6.3 等级评定 ·· 23
7 附属设施 ·· 26
　7.1 评价对象 ·· 26
　7.2 评价流程 ·· 26
　7.3 等级评定 ·· 27

8 运行服务 ··· 29
　8.1 评价对象 ·· 29
　8.2 评价流程 ·· 29
　8.3 等级评定 ·· 40
9 评价管理 ··· 41
　9.1 数字档案 ·· 41
　9.2 养护决策 ·· 41
附录 A 设施病害 ··· 44
附录 B 设施设备检查信息记录表 ································· 59
附录 C 土建设施分类、权重 ·· 63
附录 D 机电系统分类、权重 ·· 67
附录 E 附属设施分类、权重 ·· 75
附录 F 运行服务评价指标、权重 ································· 77
本标准用词说明 ··· 78
引用标准名录 ·· 79
条文说明 ··· 81

Contents

1 General provisions ·································· 1
2 Terms and symbols ································ 2
   2.1 Terms ··· 2
   2.2 Symbols ······································ 3
3 Basic regulations ··································· 4
   3.1 General regulations ······················· 4
   3.2 Evaluation levels ·························· 5
4 Evaluation data preparation ······················ 7
   4.1 Facilities and equipments ··············· 7
   4.2 Maintenance operation records ········ 8
   4.3 Inspection and detection ················ 9
5 Civil engineering facilities ······················· 13
   5.1 Evaluation objects ························ 13
   5.2 Evaluation processes ····················· 14
   5.3 Evaluation levels ·························· 20
6 Electromechanical system ······················· 22
   6.1 Evaluation objects ························ 22
   6.2 Evaluation processes ····················· 22
   6.3 Evaluation levels ·························· 23
7 Affiliated facilities ································· 26
   7.1 Evaluation objects ························ 26
   7.2 Evaluation processes ····················· 26
   7.3 Evaluation levels ·························· 27

8	Operational service	29
	8.1 Evaluation objects	29
	8.2 Evaluation processes	29
	8.3 Evaluation levels	40
9	Evaluation management	41
	9.1 Digital archives	41
	9.2 Maintenance decisions	41
Appendix A	Facility defects	44
Appendix B	Record sheet for facility and equipment inspection	59
Appendix C	Classification and evaluation weight for civil engineering facilities	63
Appendix D	Classification and evaluation weight for electromechanical system	67
Appendix E	Classification and evaluation weight for affiliated facilities	75
Appendix F	Evaluation indicators and weight for operational service	77
Explanation of wording in this standard		78
List of quoted standards		79
Explanation of provisions		81

1 总　则

1.0.1 为客观评价道路隧道技术性能及服务状况,促进隧道养护运行管理工作的科学化、精细化和低碳化,制定本标准。

1.0.2 本标准适用于本市明挖法、盾构法及沉管法道路隧道的养护运行评价。

1.0.3 道路隧道养护运行评价除应符合本标准外,尚应符合国家、行业和本市现行有关标准的规定。

2 术语和符号

2.1 术 语

2.1.1 隧道评价 tunnel evaluation
为鉴定隧道的技术性能和运行服务质量所进行的分析工作。

2.1.2 土建结构 civil engineering structures
隧道主体土木建筑工程结构物。

2.1.3 土建设施 civil engineering facilities
隧道土建结构以及路面结构。

2.1.4 机电系统 electromechanical system
为隧道安全运行和结构保障所配置的机电设备。

2.1.5 附属设施 affiliated facilities
未纳入土建设施和机电系统的其他设施。

2.1.6 运行服务 operational service
为隧道运行提供结构安全、交通安全和环境保护的服务。

2.1.7 重要度 importance
设施设备的状态对隧道技术性能和运行服务质量的影响程度。

2.1.8 技术性能 technical performance
隧道土建设施、机电系统及附属设施的质量、可靠性和耐久性状况。

2.1.9 服务状况 service status
面向用户体验和社会满意度，隧道运行交通服务、安全服务、响应服务及环境服务的服务质量状况。

2.1.10 综合状况 comprehensive status
综合考虑隧道技术性能及隧道运行服务质量的状况。

2.1.11 数字档案 digital archives

隧道设施与设备的基础信息,及养护运行的检查、评价、维修的过程信息,以数字化的形式存储于计算机存储介质中,依赖计算机、手机等数字化设备进行阅读、处理的归档资料。

2.2 符 号

FI ——服务状况指数;

$FSCI$ ——附属设施技术性能指数;

$FSCI_i$ ——附属设施中分设施 i 的技术性能指数;

$FSCI_{ij}$ ——附属设施分设施 i 中子设施 j 的技术性能指数;

$FWCI$ ——运行服务质量指数;

$FWCI_i$ ——运行服务质量的第 i 项分指数;

$JDCI$ ——机电系统技术性能指数;

$JDCI_i$ ——机电系统分系统 i 的完好率;

$JDCI_{ij}$ ——机电系统分系统 i 中子系统 j 的完好率;

JI ——技术性能指数;

$TJCI$ ——土建设施技术性能指数;

$TJCI_i$ ——土建设施第 i 类结构类别的技术性能指数;

ZI ——隧道综合状况指数。

3 基本规定

3.1 一般规定

3.1.1 隧道评价对象应包括土建设施、机电系统、附属设施和运行服务四类,评价对象中的设施、设备应按重要程度划分为 A、B、C 三类重要度。

3.1.2 隧道评价应采用分层综合评价与单项控制指标相结合的方法进行,评价流程如图 3.1.2 所示。评价应符合下列要求:

    1 土建设施技术性能评价应以外观病害数据为基础,以纵断面沉降、横断面收敛、渗漏水量、混凝土老化和强度作为控制指标单独扣分,采取由分项到总体的评价方法。

    2 机电系统技术性能评价应以子系统设备完好率为基础,考虑 A 类设备最不利状况,采取由分项到总体的评价方法。

    3 附属设施技术性能评价应以设施病害数据为基础,采取由分项到总体的评价方法。

    4 运行服务质量状况评价应以运行服务质量的各评价指标为基础,采取由分项到总体的评价方法。

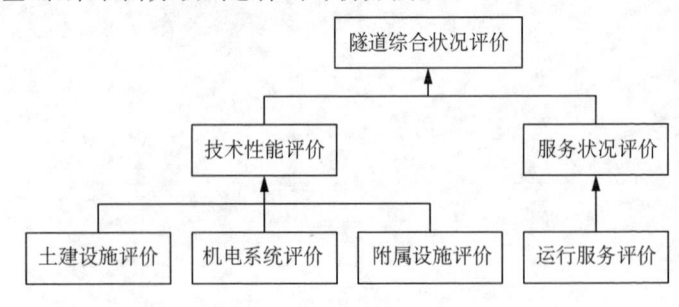

图 3.1.2 隧道评价流程

3.1.3 隧道评价等级应划分为1类、2类、3类、4类和5类。

3.1.4 当某类设施、设备在评价隧道中不存在时,评价计算应忽略该类设施、设备,其权重应按原有的权重比例关系分摊至其他设施、设备类型。

3.1.5 评价周期应符合下列规定:

1 隧道正常运行时,应每年度进行一次综合评价,可结合隧道上期评价结果、服役时间、维修安排和其他需求,增加评价频次。

2 可根据需要选择四类评价对象中的部分对象进行专项评价。

3 当隧道发生特殊应急事件,可按现行上海市工程建设规范《隧道养护技术规程》DG/TJ 08—2175进行应急检查,并对隧道进行应急评价。

3.1.6 评价计算数据可来源于隧道竣工验收、日常检查、自动监测、专项检测等。

3.2 等级评定

3.2.1 隧道综合状况等级评定应符合本标准第3.2.2条的规定,各等级描述见表3.2.1。

表3.2.1 隧道综合状况等级描述

等级	1类	2类	3类	4类	5类
描述	设施和设备性能完好;服务水平优秀	设施或设备性能稍有退化,但功能正常;服务水平良好	设施或设备性能出现劣化,部分构件需维修,总体功能正常;服务水平一般	设施或设备性能出现恶化,部分功能受限,但总体安全;无法提供正常服务	设施或设备性能出现严重恶化,危及结构安全;危及运行服务安全

3.2.2 隧道综合状况指数 ZI 应由技术性能指数 JI 和服务状况指数 FI 两部分组成,并按公式(3.2.2)计算。隧道综合状况等级评定应按表3.2.2执行。

$$ZI = \omega_t \times JI + \omega_s \times FI \quad (3.2.2)$$

式中：ω_t——技术性能指数占隧道综合状况指数的权重，宜根据隧道服役时间在 0.60～0.75 范围内取值；

ω_s——服务状况指数占隧道综合状况指数的权重，宜根据隧道服役时间在 0.25～0.40 范围内取值，ω_t 与 ω_s 之和应为 1。

表 3.2.2 隧道综合状况等级评定标准

等级	1类	2类	3类	4类	5类
ZI	[90,100]	[80,90)	[65,80)	[50,65)	[0,50)

3.2.3 技术性能指数 JI 应取公式(3.2.3)计算值和土建设施技术性能指数 $TJCI$ 二者中的最小值。隧道技术性能等级评定应按表 3.2.3 执行。

$$JI = \omega_c \times TJCI + \omega_j \times JDCI + \omega_f \times FSCI \quad (3.2.3)$$

式中：ω_c——土建设施技术性能指数占技术性能指数的权重，宜取 0.4；

ω_j——机电系统技术性能指数占技术性能指数的权重，宜取 0.4；

ω_f——附属设施技术性能指数占技术性能指数的权重，宜取 0.2。

表 3.2.3 隧道技术性能等级评定标准

等级	1类	2类	3类	4类	5类
JI	[90,100]	[80,90)	[65,80)	[50,65)	[0,50)

3.2.4 服务状况指数 FI 应取运行服务质量指数 $FWCI$ 的值。隧道服务状况等级评定应按表 3.2.4 执行。

表 3.2.4 隧道服务状况等级评定标准

等级	1类	2类	3类	4类	5类
FI	[90,100]	[80,90)	[70,80)	[60,70)	[0,60)

4 评价资料准备

4.1 设施设备

4.1.1 设施设备清单应按照土建设施、机电系统和附属设施分类记录,详细分类见本标准附录C、附录D和附录E。

4.1.2 土建设施应按评价单元划分,评价单元应记录序号、所属线路名、类型、起止里程桩号等信息,评价单元划分应符合下列规定:

  1 暗埋段、敞开段、沉管段宜沿纵向以变形缝为分界线进行评价单元划分。

  2 盾构段宜根据管片环宽以20环～30环为一个评价单元,结尾段不满20环～30环的单独为一个评价单元。

  3 工作井、横通道、通风结构等宜按独立工艺结构划分评价单元。

  4 路面宜分车道以100 m长度划分评价单元,结尾段小于100 m的单独为一个评价单元。

4.1.3 机电系统设备清单记录应包括下列内容:

  1 设备名称及设备编码。

  2 设备安装位置。

  3 设备采购日期、安装日期、调试日期及启用日期。

  4 设备规格型号及设备生产厂商。

  5 设备类型、设备所属机电子系统及分系统。

  6 设备正常使用年限。

4.1.4 附属设施清单应记录其设施名称、设施编码、类型、起止里程桩号等信息。

4.2 养护运行记录

4.2.1 养护维修记录应包括下列内容：
1 设施设备竣工信息。
2 检查、检测、评定的资料。
3 缺陷故障发现时间、类别、状态的文字和图片记录。
4 养护维修方案实施过程的文字和图片记录。
5 养护维修的开始、结束时间。
6 设施设备报废与更换记录。

4.2.2 日常运行记录应包括下列内容：
1 每小时隧道各线路交通量以及不同时段车辆行驶速度。
2 不同类型车辆（小客车、大型客车、大型货车、铰接车等）的日交通量。
3 养护作业的封闭方式及封闭线路的起止时间。
4 牵引处置的通知、发车和到达时间，处置时间及处置过程记录等。
5 用户投诉的原因、处理时间和处理结果等。
6 隧道内发生突发事故的时间、位置、类型、等级、设施损坏程度、人员伤亡情况、事故处置时间及事故简述等。

4.2.3 隧道环境检测应包括下列内容：
1 检测隧道高峰期内一氧化碳浓度和烟雾浓度。
2 检测隧道各照明区段的平均照度及照度总均匀度指标，检测应符合现行国家标准《照明测量方法》GB/T 5700 的规定。
3 检测隧道各废水池内废水 pH 值及悬浮物并记录每次检测合格情况，检测应符合现行国家标准《水质 悬浮物 重量法》GB 11901 和现行行业标准《水质 pH 值的测定 电极法》HJ 1147 的规定。
4 检查隧道内是否存在大型漂浮物、泥带、垃圾堵塞水流通道、防撞墙轮胎印、附属设施明显污渍等问题,统计问题数量。

5 检测隧道反光标线的逆反射亮度系数,检测应符合现行国家标准《道路交通标线质量要求和检测方法》GB/T 16311 的规定。

4.3 检查检测

4.3.1 设施设备检查内容、周期和方法应符合现行上海市工程建设规范《隧道养护技术规程》DG/TJ 08—2175 和《市政道路机电系统维护技术规程》DG/TJ 08—2171 的规定。检查和检测记录可按本标准附录 B 中表 B.0.1 和表 B.0.2-1～表 B.0.2-4 的格式填写。

4.3.2 路面结构的损坏类型应分为裂缝、变形、松散及其他共四类,损坏定义及计量应符合本标准附录 A 中表 A.1.1 的规定,损坏单项扣分值应符合本标准附录 A 中表 A.1.2 的规定。

4.3.3 土建结构病害类型有渗漏、混凝土裂缝、混凝土破损、混凝土老化、混凝土强度不足、接缝张开、接缝错台、横断面变形、纵断面沉降、钢结构锈蚀、剪力键支座剪切变形或脱空、连接件防腐油脂氧化缺失和连接件松动共 13 类,病害定义及特征见本标准附录 A 中表 A.1.3。

4.3.4 隧道结构变形检测应符合现行上海市工程建设规范《隧道养护技术规程》DG/TJ 08—2175 的规定。检测内容、测点布置和检测周期宜按表 4.3.4 的规定执行。

表 4.3.4 隧道检测内容、测点布置和检测周期

隧道类型	检测内容	检测点布置要则	检测周期
盾构法隧道	隧道沉降	盾构段纵向每 30 m 设 1 个测点,工作井与隧道接合处两侧均应布设测点,线路交叠或接近段、变形缝两侧等特殊部位应增加布设测点	每季度 1 次;发生突变时,增加检测频率

续表4.3.4

隧道类型	检测内容	检测点布置要则	检测周期
盾构法隧道	隧道收敛变形	盾构段与工作井连接处布设1个变形检测断面,盾构段内纵向每100 m设置1个变形检测断面	第一年每季度1次,以后为每半年1次
	接缝错台、张开量及结构裂缝	根据运营期病害情况布置测点	每季度1次
明挖法隧道	隧道沉降	每结构段四角上各设1个测点	每季度1次
	接缝错台、张开量及结构裂缝	根据运营期病害情况布置测点	每季度1次
沉管法隧道	隧道沉降	每节段四角上各布置1个沉降测点,节段纵向长度大于20 m时宜在两侧中间增加测点	沉降未稳定期(宜为2年),每2周1次;沉降基本稳定后,每季度1次;发生突变时,增加检测频率
	隧道水平位移	每节沉管的四个角上	初期(宜为2年)每月1次,以后每季度1次;发生突变时,增加检测频率
	接缝变化	每节段接缝位置各布置上、下2组测点	每2个月1次
	垂直剪力键	每节沉管接口及其与两端岸边段隧道的接口	每月1次
	支座压缩及结构裂缝	根据运营期病害情况布置测点	每季度1次

4.3.5 隧道混凝土结构检测应包括下列内容:

1 混凝土碳化检测频率应符合现行上海市工程建设规范《隧道养护技术规程》DG/TJ 08—2175 的规定,检测方法应符合现行国家标准《混凝土结构现场检测技术标准》GB/T 50784 的规定。

2 必要时,可进行混凝土抗压强度检测,检测方法应符合现行国家标准《混凝土结构现场检测技术标准》GB/T 50784 的规定。

4.3.6 土建结构检查应包括下列内容:

1 渗漏检测,应包括渗漏水点检测和渗漏水量检测。

1) 渗漏水点检测宜每月 1 次,适用于检测混凝土构件及接缝处,现场应记录渗漏水点的渗漏面积或速度,并按本标准附录 A 中表 A.1.4 的规定确定渗漏严重程度;
2) 隧道渗漏水量检测宜每 2 个月 1 次,检测方法应符合现行上海市工程建设规范《隧道养护技术规程》DG/TJ 08—2175 的规定,并按本标准附录 B 中表 B.0.2-1 进行记录。

2 混凝土构件的裂缝应测量裂缝尺寸,并按本标准附录 A 中表 A.1.4 的规定确定裂缝严重程度。

3 混凝土构件的破损应记录尺寸信息,并按本标准附录 A 中表 A.1.4 的规定确定破损严重程度。

4 混凝土构件间的接缝变形病害,应测量接缝张开量及错台量,并按本标准附录 A 中表 A.1.4 的规定确定严重程度。

5 钢结构锈蚀应根据现场检查记录,并按本标准附录 A 中表 A.1.4 的规定确定严重程度。

6 沉管管节间剪力键结构变形或脱空,应根据现场检查记录,并按本标准附录 A 中表 A.1.4 的规定确定严重程度。

7 沉管管节间连接件防腐油脂氧化缺失情况,应根据现场检查记录,并按本标准附录 A 中表 A.1.4 的规定确定严重程度。

8 管节或管片之间连接件结构松动情况,应根据现场检查记录,并按本标准附录 A 中表 A.1.4 的规定确定严重程度。

4.3.7 机电系统检查应记录机电设备运行故障情况,宜采用系统内自动监测记录数据,无自动监测数据的设备可采用人工巡检数据,检查记录应包括下列内容：

  1 故障设备类型及设备编码。
  2 故障类型及故障描述。
  3 故障发生时间。
  4 故障维修起止时间。
  5 设备恢复使用时间。

4.3.8 附属设施检查应包括逃生通道、装饰层、交通安全设施、排水设施、光过渡建筑、消防设施、管理用房及其他八类分设施,并以子设施类型进行现场外观检查或检测,并应按本标准附录A中表A.2.1-1～表A.2.1-29的规定确定病害的扣分值。

5 土建设施

5.1 评价对象

5.1.1 土建设施评价对象应包括隧道土建结构和路面,土建结构包括盾构段、暗埋段、敞开段、沉管段、工作井、通风结构和横通道七种结构类型。

5.1.2 盾构法隧道、沉管法隧道和明挖法隧道包含的结构类别按表5.1.3划分,各结构类别下包含的不同构件类型应符合本标准附录C中表C.0.1的规定。

5.1.3 土建设施各结构类别权重分配应符合表5.1.3的规定,其中盾构段、沉管段、暗埋段和敞开段宜按其在隧道线路中的长度占比进行权重分配,其他结构类别的权重宜为固定值。

表5.1.3 结构类别及评价权重

盾构法隧道		沉管法隧道		明挖法隧道	
结构类别	权重值 ω_i	结构类别	权重值 ω_i	结构类别	权重值 ω_i
敞开段	$0.60 \times \dfrac{l_1}{L_r}$	敞开段	$0.75 \times \dfrac{l_1}{L_r}$	敞开段	$0.75 \times \dfrac{l_1}{L_r}$
暗埋段	$0.60 \times \dfrac{l_2}{L_r}$	暗埋段	$0.75 \times \dfrac{l_2}{L_r}$	暗埋段	$0.75 \times \dfrac{l_2}{L_r}$
盾构段	$0.60 \times \dfrac{l_3}{L_r}$	沉管段	$0.75 \times \dfrac{l_4}{L_r}$	通风结构	0.10
工作井	0.10	通风结构	0.10	路面	0.15
通风结构	0.07	路面	0.15	—	—

续表5.1.3

盾构法隧道		沉管法隧道		明挖法隧道	
结构类别	权重值ω_i	结构类别	权重值ω_i	结构类别	权重值ω_i
横通道	0.08	—	—	—	—
路面	0.15	—	—	—	—

注:表中l_1为线路r中敞开段的长度;l_2为线路r中暗埋段的长度;l_3为线路r中盾构段的长度;l_4为线路r中沉管段长度;L_r为线路r的长度。

5.2 评价流程

5.2.1 土建设施划分应遵守从整体到线路、线路到结构类别、结构类别到评价单元、评价单元到构件类型的规定。土建设施技术性能评价流程应符合图5.2.1的规定。

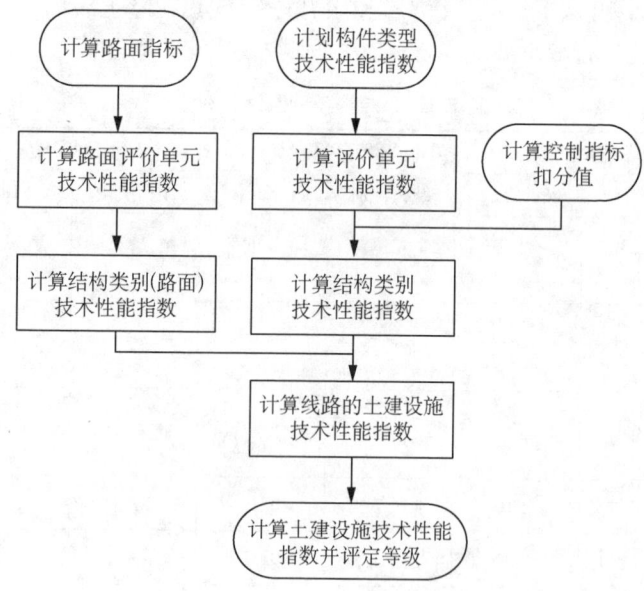

图 5.2.1 土建设施技术性能评价流程

5.2.2 构件类型的技术性能指数 T_{ijk} 应按公式(5.2.2)计算。

$$T_{ijk} = 100 - \sum_{m=1}^{M} B_{km} \qquad (5.2.2)$$

式中：T_{ijk}——结构类别 i 中第 j 个评价单元中构件类型 k 的技术性能指数，当计算值小于 0 时取 0；

M——构件类型 k 对应的病害数量；

B_{km}——构件类型 k 第 m 个病害的扣分值，扣分标准按本标准附录 A 中表 A.1.4 执行。

5.2.3 评价单元的技术性能指数应取该评价单元中 A 类构件的技术性能指数与按公式(5.2.3)计算值中的最小值。

$$T_{ij} = \frac{\sum_{k=1}^{K}(\omega_k \times T_{ijk})}{\sum_{k=1}^{K}\omega_k} \qquad (5.2.3)$$

式中：T_{ij}——结构类别 i 中第 j 个评价单元的技术性能指数；

K——评价单元中构件类型数量；

T_{ijk}——构件类型 k 的技术性能指数；

ω_k——构件类型 k 的权重，相应取值应符合本标准附录 C 中表 C.0.1 的规定。

5.2.4 当土建结构控制指标测值达到阈值，应按扣分值对相应的结构类别进行扣分。各指标项的阈值及扣分标准应符合表 5.2.4 的规定。

表 5.2.4 土建结构控制指标阈值及扣分标准

指标项	适用结构类别	阈值	扣分值
沉降曲率	盾构段	≥1/10 000	10
年度差异沉降	敞开段、暗埋段、沉管段	≥10 mm	10
断面收敛	盾构段	≥5‰	20

续表5.2.4

指标项	适用结构类别	阈值	扣分值
结构段平均渗漏水量	敞开段、暗埋段、盾构段、沉管段	$\geq 0.15\ L/(m^2 d)$	5
承重构件混凝土碳化系数	敞开段、暗埋段、盾构段、沉管段、工作井、横通道	≥ 1.5	10
承重构件混凝土强度	敞开段、暗埋段、盾构段、沉管段、工作井、横通道	推定强度均质系数小于0.8,或平均强度均质系数小于0.9	20

1 纵断面沉降评价应采用年度差异沉降和沉降曲率两个指标。沉降曲率应按公式(5.2.4-1)计算。

$$k_i = \frac{\sqrt{(a+b-c)(a+c-b)(b+c-a)(a+b+c)}}{abc} \quad (5.2.4\text{-}1)$$

式中：k_i——第i段结构的纵断面沉降曲率；

a,b,c——相邻三个沉降测点以里程为横坐标、沉降值为纵坐标组成三角形的三条边长。

2 盾构段横断面收敛相对变形应按公式(5.2.4-2)计算。

$$\mu_i = \frac{\Delta D_i}{D_i} \quad (5.2.4\text{-}2)$$

式中：μ_i——第i个测量断面横断面收敛相对变形；

ΔD_i——第i个测量断面管片直径的变化量；

D_i——第i个测量断面管片初始测量的直径。

3 隧道各结构段的平均渗漏水量应按照公式(5.2.4-3)计算。

$$Q_i = \frac{24 \times S_i \times \Delta h \times 10^3}{T \times A_i} \quad (5.2.4\text{-}3)$$

式中：Q_i——结构段i的渗漏量$[L/(m^2 \cdot d)]$；

S_i——结构段 i 的集水池面积(m^2);

Δh——检测时间段内集水池液位上升量(m);

T——检测时长(h);

A_i——结构段 i 的结构内表面积(m^2)。

4 隧道混凝土结构的老化应采用承重构件的混凝土碳化系数 K_c 进行评价,K_c 按公式(5.2.4-4)计算。

$$K_c = \frac{\overline{D_{tn}}}{\overline{D_n}} \quad (5.2.4-4)$$

式中:K_c——混凝土碳化系数;

$\overline{D_{tn}}$——混凝土碳化深度平均值;

$\overline{D_n}$——混凝土实测保护层厚度平均值。

5 隧道混凝土结构的抗压强度应采用承重构件的推定强度均质系数 K_{bt} 或平均强度均质系数 K_{bm} 进行评价,K_{bt} 和 K_{bm} 应分别按公式(5.2.4-5)、公式(5.2.4-6)计算。

$$K_{bt} = \frac{R_{it}}{R} \quad (5.2.4-5)$$

式中:K_{bt}——混凝土推定强度均质系数;

R_{it}——混凝土实测强度推定值;

R——混凝土设计强度等级。

$$K_{bm} = \frac{R_{im}}{R} \quad (5.2.4-6)$$

式中:K_{bm}——混凝土平均强度均质系数;

R_{im}——混凝土测区平均换算强度值;

R——混凝土设计强度等级。

5.2.5 结构类别的技术性能指数 $TJCI_i$ 应按公式(5.2.5)计算。

$$TJCI_i = \frac{1}{N} \sum_{j=1}^{N} T_{ij} - C_i \quad (5.2.5)$$

式中：$TJCI_i$ ——结构类别 i 的技术性能指数；
N ——结构类别 i 中包含的评价单元总数；
T_{ij} ——结构类别 i 中评价单元 j 的技术性能指数；
C_i ——结构类别 i 的所有控制指标扣分之和。

5.2.6 路面的技术性能应采用路面行驶质量指数 RQI、路面损坏状况指数 PCI 和路面抗滑性能指数 SRI 三个指标进行评价。

1 路面评价单元 k 的路面行驶质量指数 RQI_k 应按公式（5.2.6-1）计算。

$$RQI_k = 4.98 - 0.34 \times IRI_k \qquad (5.2.6\text{-}1)$$

式中：RQI_k ——路面评价单元 k 的路面行驶质量指数，如果计算值为负值，则取 0；
IRI_k ——路面评价单元 k 的国际平整度指数。

2 路面评价单元 k 的路面破损状况指数 PCI_k 应按公式（5.2.6-2）、公式（5.2.6-3）和公式（5.2.6-4）计算。

$$PCI_k = 100 - \sum_{i=1}^{n}\sum_{j=1}^{m}\omega_{ij}DP_{ij} \qquad (5.2.6\text{-}2)$$

$$\omega_{ij} = 3.0u_{ij}^3 - 5.5u_{ij}^2 + 3.5u_{ij} \qquad (5.2.6\text{-}3)$$

$$u_{ij} = \frac{DP_{ij}}{\sum_{i=1}^{n}\sum_{j=1}^{m}DP_{ij}} \qquad (5.2.6\text{-}4)$$

式中：PCI_k ——路面评价单元 k 的路面损坏状况指数，如果计算值为负值，则取 0；
n ——损坏大类的类型数，应符合本标准附录 A 中表 A.1.1 的规定；
m ——某损坏大类所包含的损坏小类的类型数，应符合本标准附录 A 中表 A.1.1 的规定；
ω_{ij} ——第 i 损坏大类中的第 j 损坏小类的权重，应按公式(5.2.6-3)计算；

DP_{ij}——第 i 损坏大类中的第 j 损坏小类的单项扣分值，应按本标准附录 A 中表 A.1.2 的规定取值；

u_{ij}——第 i 损坏大类中的第 j 损坏小类的扣分值占总扣分值之比，应按公式(5.2.6-4)计算。

3 路面评价单元 k 的路面抗滑性能指数 SRI_k 应按公式(5.2.6-5)计算。

$$SRI_k = \frac{100 - SRI_{\min}}{1 + a_0 e^{a_1 SFC}} + SRI_{\min} \qquad (5.2.6-5)$$

式中：SRI_k——路面评价单元 k 的路面抗滑性能指数；

$SRI_{\min}$——标定参数，宜取 35.0；

a_0——模型参数，宜取 28.6；

a_1——模型参数，宜取 −0.105；

SFC——横向力系数。

4 路面评价单元 k 的技术性能指数 RCI_k 应按公式(5.2.6-6)计算。

$$RCI_k = \omega_r \times T \times RQI_k + \omega_p \times PCI_k + \omega_s \times SRI_k$$

$$(5.2.6-6)$$

式中：RCI_k——路面评价单元 k 的技术性能指数；

ω_r——RQI 的权重，宜取 0.54；

T——RQI 分值转换系数，宜取 20；

ω_p——PCI 的权重，宜取 0.36；

ω_s——SRI 的权重，宜取 0.1。

5 结构类别路面的技术性能指数应按线路进行综合，并按公式(5.2.6-7)计算。

$$TJCI_{lm} = \frac{1}{N} \sum_{k=1}^{N} RCI_k \qquad (5.2.6-7)$$

式中：$TJCI_{lm}$ ——结构类别路面的技术性能指数；
N ——线路中路面评价单元数量；
RCI_k ——线路中路面评价单元 k 的技术性能指数。

5.3 等级评定

5.3.1 第 r 条线路的土建设施技术性能指数 $TJCI_r$ 应按公式（5.3.1）计算。

$$TJCI_r = \frac{\sum_{i=1}^{n}(\omega_i \times TJCI_i)}{\sum_{i=1}^{n}\omega_i} \quad (5.3.1)$$

式中：n ——线路中包含的结构类别的数量；
ω_i ——土建设施结构类别 i 对应的权重值，宜按本标准表 5.1.3 的规定取值。

5.3.2 土建设施技术性能指数 $TJCI$ 应按公式（5.3.2）计算。

$$TJCI = \frac{\sum_{r=1}^{n}(L_r \times TJCI_r)}{\sum_{r=1}^{n}L_r} \quad (5.3.2)$$

式中：n ——线路的数量；
$TJCI_r$ ——线路 r 的土建设施技术性能指数；
L_r ——线路 r 的长度。

5.3.3 土建设施技术性能等级评定应按表 5.3.3 的规定执行。

表 5.3.3 土建设施技术性能等级评定标准

评价等级	1类	2类	3类	4类	5类
$TJCI$	[90,100]	[80,90)	[65,80)	[50,65)	[0,50)

续表5.3.3

评价等级	1类	2类	3类	4类	5类
等级描述	结构性能完好	结构性能退化,但不影响正常功能	结构性能劣化,个别构件指标超标,结构性能有一定受损,尚能正常使用	结构性能恶化,使用性受影响,有一定结构和运行安全风险	结构性能严重恶化,危及结构和运行安全

5.3.4 隧道土建设施技术性能评定存在下列情况之一时,土建设施技术性能应评定为5类。下列情况被处置后应重新评定土建设施技术性能:

1 隧道主体结构发生明显永久变形并持续发展,且危及结构安全和行车安全。

2 隧道路面发生严重隆起,车道板严重错台、断裂,严重影响行车安全。

3 隧道顶部结构出现大范围开裂,结构性裂缝贯穿主体结构。

4 隧道发生地下水大规模涌流、喷射,路面出现涌泥砂或大面积严重积水等威胁交通安全的现象。

5 隧道顶部预埋件、吊件严重锈蚀或断裂,挂件出现严重变形或脱落,影响行车安全。

6 其他严重危及结构安全或行车安全的情况。

6 机电系统

6.1 评价对象

6.1.1 隧道机电系统评价对象应包括综合监控系统、通信系统、火灾报警和消防系统、通风系统、排水系统、供配电系统及照明系统七个分系统。

6.1.2 各机电分系统包括的设备类别及设备重要度应符合本标准附录 D.0.1 条的规定。

6.2 评价流程

6.2.1 机电系统技术性能评价流程应符合图 6.2.1 的规定。

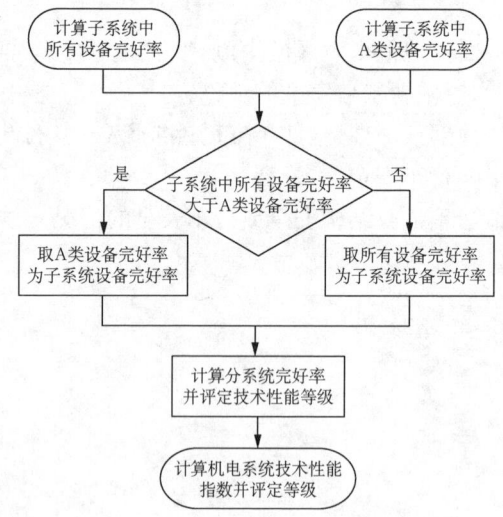

图 6.2.1 机电系统技术性能评价流程

6.2.2 机电子系统的设备完好率 $JDCI_{ij}$ 应取子系统所有设备平均完好率和 A 类设备完好率中的最小值,按公式(6.2.2)计算。

$$JDCI_{ij} = \min\left[\left(1 - \frac{\sum_{k=1}^{N} t_k}{N \times T}\right) \times 100\%, \left(1 - \frac{\sum_{a=1}^{N_a} t_a}{N_a \times T}\right) \times 100\%\right]$$
(6.2.2)

式中:N ——第 i 分系统中第 j 子系统的设备总台数;
　　　t_k ——第 k 台设备统计周期内故障时间,无故障为 0;
　　　T ——设备统计周期的时间长度;
　　　N_a ——第 i 分系统中第 j 子系统的 A 类设备台数;
　　　t_a ——A 类设备中第 a 台设备统计周期内故障时间,无故障为 0。

6.2.3 机电分系统完好率 $JDCI_i$ 应按公式(6.2.3)计算。

$$JDCI_i = \frac{\sum_{j=1}^{n}(\omega_{ij} \times JDCI_{ij}')}{\sum_{j=1}^{n}\omega_{ij}}$$
(6.2.3)

式中:n ——第 i 分系统的子系统数量;
　　　ω_{ij} ——子系统 j 在分系统 i 中的权重,宜按本标准附录 D 中表 D.0.2 的规定取值。

6.3 等级评定

6.3.1 机电分系统技术性能等级评定应按表 6.3.1 的规定执行。

表 6.3.1 机电分系统技术性能等级评定标准

评价等级	1类	2类	3类	4类	5类
综合监控系统完好率	[98%,100%]	[93%,98%)	[85%,93%)	[75%,85%)	[0%,75%)

续表6.3.1

评价等级	1类	2类	3类	4类	5类
通信系统完好率	[98%,100%]	[93%,98%)	[85%,93%)	[75%,85%)	[0%,75%)
火灾报警和消防系统完好率	[99.5%,100%]	[96%,99.5%)	[90%,96%)	[82%,90%)	[0%,82%)
通风系统完好率	[98%,100%]	[93%,98%)	[86%,93%)	[76%,86%)	[0%,76%)
排水系统完好率	[98%,100%]	[93%,98%)	[86%,93%)	[76%,86%)	[0%,76%)
供配电系统完好率	[98%,100%]	[94%,98%)	[88%,94%)	[79%,88%)	[0%,79%)
照明系统完好率	[98%,100%]	[93%,98%)	[85%,93%)	[75%,85%)	[0%,75%)

6.3.2 机电系统技术性能指数 $JDCI$ 应按公式(6.3.2)计算。

$$JDCI = \frac{\sum_{i=1}^{N} \omega_i (a_{ij} \times JDCI_i^2 + b_{ij})}{\sum_{i=1}^{N} \omega_i} \quad (6.3.2)$$

式中： N ——分系统数量；

ω_i ——分系统 i 在机电系统总体中的权重，宜按本标准附录 D 中表 D.0.2 的规定取值；

a_{ij}, b_{ij} ——分系统 i 在技术性能等级评定为 j 类时的标定参数，宜按本标准附录 D 中表 D.0.3 的规定取值。

6.3.3 机电系统技术性能等级评定应按表6.3.3的规定执行。

表 6.3.3 机电系统技术性能等级评定标准

评价等级	1类	2类	3类	4类	5类
JDCI	[90,100]	[80,90)	[65,80)	[50,65)	[0,50)
等级描述	机电系统设备完好率高,运行正常	机电系统设备完好率较高,运行基本正常,部分易损耗部件需更换	机电系统运行基本正常,部分设备、部件和软件需更换或改造	机电系统完好率较低,相关子系统需全面改造	机电系统无法正常运行,危及隧道运行安全

6.3.4 技术性能等级评定中机电系统有下列情况之一时,机电系统技术性能应评定为5类。下列情况被处置后应重新评定技术性能:

1 综合监控系统无法正常使用,无法了解隧道运行安全状况。

2 通信系统瘫痪,多数设备无法有效远程控制,无法查看隧道监控视频,无法进行广播通信。

3 火灾报警系统不能及时发现火灾,消防系统无法正常喷水灭火。

4 通风系统无法在火灾工况下有效排出火灾烟气,存在严重安全隐患。

5 排水系统无法及时排出隧道雨水、废水,造成严重积水,影响通行安全。

6 供配电系统故障率过高,无法保障隧道稳定供电。

7 A类设备超出服役年限、性能无法满足运行要求,且设备供应商已无法提供养护和维修支持。

8 其他严重危及隧道运行安全的情况。

7 附属设施

7.1 评价对象

7.1.1 隧道附属设施评价对象应包括逃生通道、装饰层、交通安全设施、排水设施、光过渡建筑、消防设施、管理用房及其他八类分设施。

7.1.2 附属设施各分设施详细分类及子设施重要度应符合本标准附录 E 中表 E.0.1 的规定。

7.2 评价流程

7.2.1 附属设施技术性能评价流程应符合图 7.2.1 的规定。

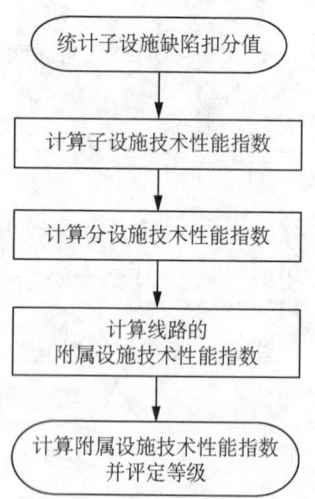

图 7.2.1 附属设施技术性能评价流程

7.2.2 子设施技术性能指数 $FSCI_{ij}$ 应按公式(7.2.2)计算。

$$FSCI_{ij}=100-\frac{\sum_{k=1}^{m_{ij}}p_{ijk}}{L_r} \qquad (7.2.2)$$

式中：$FSCI_{ij}$ ——分设施 i 中子设施 j 的技术性能指数，当计算值小于 0 时取 0；

m_{ij} ——分设施 i 中子设施 j 的缺陷数；

p_{ijk} ——分设施 i 中子设施 j 的缺陷 k 的扣分值，应依据每个或每段子设施技术性能，按本标准附录 A.2.1 条的规定取值；

L_r ——线路 r 的长度(km)。

7.2.3 分设施技术性能指数 $FSCI_i$ 应按公式(7.2.3)计算。

$$FSCI_i=\frac{\sum_{j=1}^{n}(\omega_{ij}\times FSCI_{ij})}{\sum_{j=1}^{n}\omega_{ij}} \qquad (7.2.3)$$

式中：n ——分设施 i 包含的子设施类型数量；

ω_{ij} ——子设施 j 在分设施 i 中的权重，宜按本标准附录 E 中表 E.0.1 的规定取值。

7.3 等级评定

7.3.1 线路的附属设施技术性能指数 $FSCI_r$ 应按公式(7.3.1)计算。

$$FSCI_r=\frac{\sum_{i=1}^{n}(\omega_i\times FSCI_i)}{\sum_{i=1}^{n}\omega_i} \qquad (7.3.1)$$

式中：n ——线路 r 中的分设施类型数量；
  　　ω_i ——分设施 i 在附属设施中的权重，宜按本标准附录 E 中表 E.0.1 的规定取值。

7.3.2 附属设施技术性能指数 $FSCI$ 应按公式（7.3.2）计算。

$$FSCI = \frac{\sum_{r=1}^{n}(L_r \times FSCI_r)}{\sum_{r=1}^{n} L_r} \qquad (7.3.2)$$

式中：n ——线路数量；
  　　L_r ——线路 r 的长度（km）。

7.3.3 附属设施技术性能等级评定应按表 7.3.3 的规定执行。

表 7.3.3　附属设施技术性能等级评定标准

评价等级	1类	2类	3类	4类	5类
$FSCI$	[90,100]	[80,90)	[65,80)	[50,65)	[0,50)
等级描述	设施完好无异常，或有异常、破损情况但较轻微，能正常使用	设施基本完好，有异常、破损情况但能正常使用，需要在日常维护中处理	设施存在破损，部分功能受损，采取针对性维护后能正常使用	设施存在较多破损，部分功能无法正常使用，需采取紧急措施进行修复	设施存在严重破损，使用功能大部分或完全丧失，影响通行安全

8 运行服务

8.1 评价对象

8.1.1 隧道运行服务质量评价对象应包括交通服务、安全服务、响应服务和环境服务四项服务。

8.1.2 运行服务质量的评价指标应按本标准附录F中表F.0.1的规定执行。

8.2 评价流程

8.2.1 运行服务质量指标应按评价周期内整条隧道的数据进行计算。

8.2.2 运行服务质量状况评价流程应符合图8.2.2的规定。

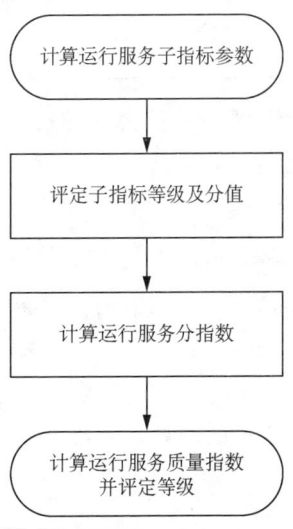

图8.2.2 运行服务质量状况评价流程

8.2.3 交通服务指数应包括高峰期饱和度、交通服务量、高峰期平均行驶速度和通行影响率四项子指标。

1 高峰期饱和度 DTI 应按公式(8.2.3-1)计算，DTI 的评价等级与分值评定应按表 8.2.3-1 执行。

$$DTI = \frac{q}{q_d} \qquad (8.2.3\text{-}1)$$

式中：DTI ——高峰期饱和度；

　　　q ——高峰期平均小时交通量(pcu/h)；

　　　q_d ——隧道设计通行能力(pcu/h)。

表 8.2.3-1　高峰期饱和度评价等级与分值评定标准

评价等级	等级描述	评分值	DTI
1	高车流服务	100	≥0.77
2	正常车流服务	90	[0.55,0.77)
3	较低车流服务	80	[0.30,0.55)
4	低车流服务	70	[0.10,0.30)
5	极低车流服务	50	[0.00,0.10)

2 交通服务量 $AADT$ 应按公式(8.2.3-2)计算，$AADT$ 的评价等级与分值评定应按表 8.2.3-2 执行。

$$AADT = \frac{1}{365}\sum_{i=1}^{n} N_i J_i \qquad (8.2.3\text{-}2)$$

式中：$AADT$ ——当量小客车年平均日交通量(pcu/d)；

　　　n ——车型数量；

　　　N_i ——车型 i 的年交通量(pcu)；

　　　J_i ——车型 i 的换算系数，宜按表 8.2.3-3 取值。

表8.2.3-2 交通服务量评价等级与分值评定标准

评价等级	等级描述	评分值	$AADT$ (pcu/d)
1	高交通服务量	100	≥0.9×设计值
2	正常交通服务量	90	[0.7×设计值,0.9×设计值)
3	较低交通服务量	80	[0.5×设计值,0.7×设计值)
4	低交通服务量	70	[0.3×设计值,0.5×设计值)
5	极低交通服务量	50	[0,0.3×设计值)

表8.2.3-3 车辆换算系数

车辆类型	小客车	大型客车	大型货车	铰接车
换算系数 J_i	1.0	2.0	2.5	3.0

3 高峰期平均行驶速度 $\overline{V}$ 应按公式(8.2.3-3)计算，$\overline{V}$ 的评价等级与分值评定应按表8.2.3-4执行。

$$\overline{V}=\frac{1}{n}\sum_{i=1}^{n}v_i \qquad (8.2.3-3)$$

式中：$\overline{V}$——高峰期车辆平均行驶速度(km/h)；

n——车次数；

v_i——高峰期第 i 辆车行驶速度(km/h)。

表8.2.3-4 高峰期平均行驶速度评价等级评定标准

评价等级	等级描述	评分值	$\overline{V}$ (km/h)
1	通畅	100	≥0.7×限速
2	基本畅通	90	[0.5×限速,0.7×限速)
3	轻度拥堵	80	[0.4×限速,0.5×限速)
4	中度拥堵	70	[0.3×限速,0.4×限速)
5	严重拥堵	50	[0,0.3×限速)

4 通行影响率 P_a 应按公式(8.2.3-4)计算，P_a 的评价等级与分值评定应按表8.2.3-5执行。

$$P_a = \frac{\sum_{i=1}^{n}\sum_{j=1}^{N}t_{ij}}{T \times N} \times 100\% \qquad (8.2.3\text{-}4)$$

式中：P_a——通行影响率；

n——封闭性养护作业次数；

N——线路数；

t_{ij}——养护作业i封闭线路j导致无法通行的时间；

T——统计总时间。

表 8.2.3-5　通行影响率评价等级与分值评定标准

评价等级	等级描述	评分值	P_a
1	影响很小	100	[0%,3%)
2	影响轻微	80	[3%,5%)
3	影响一般	60	[5%,7%)
4	影响较大	40	[7%,10%)
5	影响很大	0	[10%,100%]

8.2.4 安全服务指数应包括交通事故率、安全生产事故和高峰期烟雾浓度三项子指标。

1 交通事故率R_v应按公式(8.2.4-1)计算，R_v的评价等级与分值评定应按表 8.2.4-1 执行。

$$R_v = \frac{D}{L \times M} \times 10^6 \qquad (8.2.4\text{-}1)$$

式中：R_v——交通事故率，年度百万车公里事故次数；

D——全年交通事故次数；

L——隧道长度(km)；

M——年度总交通量(pcu)。

表 8.2.4-1　交通事故率评价等级与分值评定标准

评价等级	等级描述	评分值	R_v
1	不太可能	100	[0.00,0.05)
2	偶尔	90	[0.05,0.20)
3	少量	80	[0.20,1.00)
4	经常	70	[1.00,2.00)
5	频繁	50	≥2.00

2 安全生产事故 ZR_v 应以年度内因设施缺陷、养护作业或运行服务造成的事故重伤、死亡人次作为评价指标，ZR_v 的评价等级与分值评定应按表 8.2.4-2 执行。

表 8.2.4-2　安全生产事故评价等级与分值评定标准

评价等级	等级描述	评分值	伤亡人次
1	非常安全	100	无人重伤
2	安全	80	1 人重伤
3	一般	60	2 人重伤
4	不安全	40	3 人重伤
5	很不安全	0	≥4 人重伤或有人死亡

3 高峰期烟雾浓度 K 应按公式(8.2.4-2)计算，K 的评价等级与分值评定应按表 8.2.4-3 执行。

$$K = \frac{1}{n}\sum_{i=1}^{n} k_i \quad (8.2.4-2)$$

式中：K ——高峰期烟雾浓度指标($10^{-3}/m$)；

　　　n ——烟雾浓度测量次数；

　　　k_i ——高峰期第 i 次测量的烟雾浓度($10^{-3}/m$)。

表8.2.4-3 高峰期烟雾浓度评价等级与分值评定标准

评价等级	等级描述	评分值	K (10^{-3}/m)
1	优	100	[0,3)
2	良	90	[3,4)
3	一般	80	[4,5)
4	较差	70	[5,7)
5	差	50	≥7

8.2.5 响应服务指数应包括用户投诉及时处置率、有责投诉数、牵引排堵及时率和应急响应及时率四项子指标。

1 用户投诉及时处置率 $UCVI$ 应按公式(8.2.5-1)计算，$UCVI$ 的评价等级与分值评定应按表8.2.5-1执行。

$$UCVI = \left(1 - \frac{n}{N}\right) \times 100\% \qquad (8.2.5\text{-}1)$$

式中：$UCVI$ ——用户投诉及时处置率；
  n ——来信、来访、来电未及时处置数；
  N ——来信、来访、来电应处置总数。

表8.2.5-1 用户投诉及时处置率评价等级与分值评定标准

评价等级	等级描述	评分值	$UCVI$
1	优	100	[95%,100%]
2	良	80	[90%,95%)
3	一般	60	[80%,90%)
4	较差	40	[70%,80%)
5	差	0	[0%,70%)

2 有责投诉数 N_r 应按年度以因隧道缺陷或运行服务问题引起的投诉数量进行统计，N_r 的评价等级与分值评定应按

表8.2.5-2执行。

表8.2.5-2 有责投诉数评价等级与分值评定标准

评价等级	等级描述	评分值	N_r
1	优	100	0
2	良	80	[1,3)
3	一般	60	[3,6)
4	较差	40	[6,10)
5	差	0	≥10

3 牵引排堵及时率 TEI 应按公式(8.2.5-2)计算，TEI 的评价等级与分值评定应按表8.2.5-3执行。

$$TEI = \frac{M_1 + M_2}{2N} \times 100\% \qquad (8.2.5\text{-}2)$$

式中：TEI ——牵引排堵及时率；

M_1 ——通知牵引至牵引车启动小于等于2 min的出车次数；

M_2 ——牵引车启动至到达牵引地点小于等于20 min的到位次数；

N ——总牵引次数。

表8.2.5-3 牵引排堵及时率评价等级与分值评定标准

评价等级	等级描述	评分值	TEI
1	非常及时	100	[90%,100%]
2	及时	90	[80%,90%)
3	一般及时	80	[70%,80%)
4	滞后	70	[60%,70%)
5	严重滞后	50	[0%,60%)

4 应急响应及时率 ERI 应按公式(8.2.5-3)计算，ERI 的

评价等级与分值评定应按表 8.2.5-4 执行。

$$ERI = \frac{N_1}{N} \times 100\% \qquad (8.2.5-3)$$

式中：ERI ——应急响应及时率；

N_1 ——按照应急预案要求，及时启动应急预案的次数；

N ——应急预案启动总次数。

表 8.2.5-4 应急响应及时率评价等级与分值评定标准

评价等级	等级描述	评分值	TEI
1	非常及时	100	[90%,100%]
2	及时	80	[80%,90%)
3	一般及时	60	[70%,80%)
4	滞后	40	[60%,70%)
5	严重滞后	0	[0%,60%)

8.2.6 环境服务指数应包括照明状况、废水排放合格率、保洁效果、标线光度性能、高峰期一氧化碳浓度和节能环保六项子指标。

1 照明状况 BI 应以隧道基本照明段、入口加强照明段、出口加强照明段的平均照度和基本照明段的照度总均匀度四个指标进行综合评价，并按公式(8.2.6-1)计算。平均照度和照度总均匀度的评价等级与分值评定应按表 8.2.6-1 执行。

$$BI = \frac{1}{4} \times (E_{jav} + E_{rav} + E_{cav} + U_{j0}) \qquad (8.2.6-1)$$

式中：BI ——照明状况指标的评分值；

E_{jav} ——基本照明段平均照度相应等级对应的评分值；

E_{rav} ——入口加强照明段平均照度相应等级对应的评分值；

E_{cav} ——出口加强照明段平均照度相应等级对应的评分值；

U_{j0} ——基本照明段照度总均匀度相应等级对应的评分值。

表 8.2.6-1 照明状况评价等级与分值评定标准

评价等级	等级描述	评分值	平均照度(lx)	照度总均匀度
1	优	100	≥设计值	[0.50,1.00]
2	良	90	[0.9×设计值,设计值)	[0.45,0.50)
3	一般	80	[0.8×设计值,0.9×设计值)	[0.40,0.45)
4	较差	70	[0.7×设计值,0.8×设计值)	[0.35,0.40)
5	差	50	[0,0.7×设计值)	[0.00,0.35)

2 废水排放合格率 P_f 应按公式(8.2.6-2)计算。废水的 pH 值应控制在 6~9 范围内,悬浮物应不大于 150 mg/L。P_f 的评价等级与分值评定应按表 8.2.6-2 执行。

$$P_f = \left[1 - \frac{\sum_{i=1}^{n}(N_{1i} + N_{2i})}{2n \times N}\right] \times 100\% \qquad (8.2.6-2)$$

式中:P_f——隧道废水排放合格率;
　　　n——废水检测次数;
　　　N_{1i}——第 i 次检测 pH 值不合格废水池数;
　　　N_{2i}——第 i 次检测悬浮物不合格废水池数;
　　　N——废水池总数。

表 8.2.6-2 废水排放合格率评价等级与分值评定标准

评价等级	等级描述	评分值	P_f
1	优	100	[98%,100%]
2	良	90	[95%,98%)
3	一般	80	[90%,95%)
4	较差	70	[80%,90%)
5	差	50	[0%,80%)

3 保洁效果 N_c 应以隧道日常检查中不合格处数最多的 5 次结果进行评价,并按公式(8.2.6-3)计算。N_c 的评价等级与

分值应按表8.2.6-3执行。

$$N_c = \frac{1}{n}\sum_{i=1}^{n} N_i \qquad (8.2.6-3)$$

式中：n —— n 取5；

N_i ——检查不合格处数最多的5次中第 i 次检查的不合格处数。

表8.2.6-3 保洁效果评价等级与分值评定标准

评价等级	等级描述	评分值	N_c
1	优	100	[0,1)
2	良	80	[1,3)
3	一般	60	[3,6)
4	较差	40	[6,10)
5	差	0	≥10

4 标线光度性能 NBI 应按公式(8.2.6-4)计算，NBI 的评价等级与分值评定应按表8.2.6-4执行。

$$NBI = \frac{1}{n}\sum_{i=1}^{n} b_i \qquad (8.2.6-4)$$

式中：NBI ——标线光度性能；

n ——测量标线逆反射亮度系数的测点数；

b_i ——第 i 个测点的标线逆反射亮度系数。

表8.2.6-4 标线光度性能评价等级与分值评定标准

评价等级	等级描述	评分值	白色标线 NBI (mcd·m^{-2}·lx^{-1})	黄色标线 NBI (mcd·m^{-2}·lx^{-1})
1	优	100	≥150	≥100
2	良	90	[120,150)	[80,100)
3	一般	80	[100,120)	[60,80)
4	较差	70	[80,100)	[50,60)
5	差	50	[0,80)	[0,50)

5 高峰期一氧化碳浓度 CO 应按公式（8.2.6-5）计算，CO 的评价等级与分值评定应按表 8.2.6-5 执行。

$$CO = \frac{1}{n}\sum_{i=1}^{n} CO_i \qquad (8.2.6\text{-}5)$$

式中：CO ——高峰期一氧化碳浓度；

n ——一氧化碳浓度检测次数；

CO_i ——高峰期第 i 次检测的一氧化碳浓度值。

表 8.2.6-5 高峰期一氧化碳浓度评价等级与分值评定标准

评价等级	等级描述	评分值	CO (ppm)
1	优	100	[0,20)
2	良	90	[20,30)
3	一般	80	[30,40)
4	较差	70	[40,50)
5	差	50	≥50

6 节能环保 ES 应以采取的节能环保措施数量进行评价，节能环保措施包括隧道主照明采用节能灯具、运行管理中采用中水等非传统水源、使用新能源作业车辆、隧道能耗进行分类计量管理、建立相关节能环保制度或激励政策、进行节能优化使隧道年度能耗同比下降等。ES 的评价等级与分值应按表 8.2.6-6 执行。

表 8.2.6-6 节能环保评价等级与分值评定标准

评价等级	等级描述	评分值	ES
1	能耗低、环境友好	100	≥4
2	能耗较低、环境较友好	80	3
3	能耗一般、环境一般友好	60	2
4	能耗较高、环境较不友好	40	1
5	能耗高、环境不友好	0	0

8.3 等级评定

8.3.1 交通服务指数、安全服务指数、响应服务指数和环境服务指数四项分指数 $FWCI_i$ 应按公式(8.3.1)计算。

$$FWCI_i = \frac{\sum_{j=1}^{n}(\omega_{ij} \times FWCI_{ij})}{\sum_{j=1}^{n}\omega_{ij}} \quad (8.3.1)$$

式中： n ——第 i 项分指数中子指标的数量；

　　　ω_{ij} ——第 j 项子指标在第 i 项分指数中的权重，宜按本标准附录F中表F.0.1取值；

　　　$FWCI_{ij}$ ——第 i 项分指数中第 j 项子指标的评分值。

8.3.2 隧道运行服务质量指数 $FWCI$ 应按公式(8.3.2)计算。

$$FWCI = \frac{\sum_{i=1}^{n}(\omega_i \times FWCI_i)}{\sum_{i=1}^{n}\omega_i} \quad (8.3.2)$$

式中： ω_i ——第 i 项分指数在运行服务质量指数中的权重，宜按本标准附录F中表F.0.1取值；

　　　n ——分指数的数量，取值为4。

8.3.3 隧道运行服务质量状况的等级评定应按表8.3.3的规定执行。

表8.3.3 隧道运行服务质量状况等级评定标准

评价等级	1类	2类	3类	4类	5类
$FWCI$	[90,100]	[80,90)	[70,80)	[60,70)	[0,60)
等级描述	隧道运行服务总体水平高，交通、安全、响应、环境服务水平高	隧道运行服务总体水平较高，安全服务水平较高，存在个别服务指标较低的情况	隧道运行服务总体水平一般，部分服务指标较低，交通服务问题显露	隧道运行服务总体水平较低，服务指标普遍较低，交通服务质量差	隧道运行服务总体水平差，服务指标均呈现低水平，交通服务问题严重

9 评价管理

9.1 数字档案

9.1.1 隧道建设工程档案、设施设备清单、养护运行记录、评价用隧道检查检测数据以及隧道评价结果的历史数据应被数字化记录,并作为数字档案存储。

9.1.2 隧道数字档案初期建档工作,应在隧道初始建成、竣工验收时同步进行。对于已经处于运营期的隧道,宜在首次采用本标准评价时建立。

9.1.3 数字档案应进行数据合规性、完整性、准确性检查,并定期备份、永久保存。

9.1.4 在数字档案积累一定数据量后,应围绕本标准的评价对象对数字档案中的信息进行归纳和分析。

9.1.5 数字档案信息编码、存储和读取方式应与所在地区的数字化标准一致。

9.2 养护决策

9.2.1 应根据隧道技术性能和服务状况评价等级,采取相应的养护措施,具体措施可按表9.2.1执行。

表9.2.1 隧道技术及服务评价养护建议

评价等级	技术评价养护建议	服务评价改进建议
1类	正常养护及巡检	正常管理

续表9.2.1

评价等级	技术评价养护建议	服务评价改进建议
2类	及时维修。除正常养护和巡检,应对A类设施重点位置加强监测或预养护,应对A类设备及故障率高的设备开展深度保养;应在日常维护中对有异常、破损的附属设施进行处理	应针对运行服务中个别评分较低的指标进行重点关注
3类	专项维修。除正常养护和巡检,应对结构破损部位进行重点监测,并对局部实施维修;机电系统需要进行专项维修;应采取对策对功能受损的附属设施进行整改	应对运行服务中存在的服务问题进行全面排查、整改
4类	限制性使用并计划大中修。除正常养护和巡检,应尽快实施结构病害处治措施;对机电系统应进行专项维修,并应及时实施交通管制;应对存在严重破损无法正常使用的附属设施采取紧急措施	应对运行服务存在重要缺陷的服务问题进行专项整改
5类	暂停使用或进行大修。应及时关闭隧道,必要时进行大修,实施病害处治和设备更新,特殊情况需进行局部重建或改建	需要对养护人员进行全面培训、对管理流程和方式进行全面整改

9.2.2 养护决策宜选择能长期保持隧道性能稳定、对后期运行服务影响小的工艺方案。

9.2.3 隧道维修养护策略宜分为预防性、预测性和修复性养护三类,根据设施设备不同重要度,维修养护策略可按表9.2.3的规定执行。

表9.2.3 维修养护策略

类别	重要度		
	A	B	C
土建设施	预防性/预测性养护	预测性养护	修复性养护
机电设备	预防性/预测性养护	预测性养护	修复性养护
附属设施	—	预防性养护	修复性养护

9.2.4 隧道维修养护安排应分为紧急、优先和计划三个优先级,

优先级可按表9.2.4的规定执行。优先维修和计划维修的工作应结合年度养护计划开展,选择在专项维修计划和日常维修计划中执行。

表9.2.4 评价等级与养护优先级

重要度	评价等级				
	1类	2类	3类	4类	5类
A	优先	优先	紧急	紧急	紧急
B	计划	计划	优先	优先	紧急
C	计划	计划	计划	计划	计划

9.2.5 全生命周期养护方案中应设置预防性检查和维修环节,宜采用对周围交通不产生或产生较低影响的维修工艺,在技术条件允许的情况下宜将对隧道通行影响较大的集中性维修进行拆解。

9.2.6 隧道维修工艺设计时,宜从绿色低碳、环境友好的角度进行材料、设备的选择,降低隧道运营期的碳排放量。

附录 A 设施病害

A.1 土建设施病害分类及评价标准

A.1.1 路面病害分类及定义应符合表 A.1.1 的规定。

表 A.1.1 路面损坏类型及计量标准

损坏大类	损坏小类	定义	计量标准
裂缝类	线裂	指单根/条裂缝,包括横缝、纵缝以及斜缝等	裂缝长度大于等于1 m,宽度大于等于3 mm,按裂缝长(m)×0.2(m)计量
裂缝类	网裂	交错裂缝,把路面分割成近似矩形的块,网块直径小于3 m	按一边平行于道路中心线的外接矩形面积计量
裂缝类	龟裂	裂缝成片出现,缝间路面已裂成碎块,碎块直径小于0.5 m,包括井边碎裂	开裂成网格状,外围面积小于等于1 m² 不计,井框面积不计。按其外边界长(m)×宽(m)计量
变形类	拥包	路面面层材料在车辆推挤作用下形成的路面局部拱起,表现形式包括波浪和拥包	路面局部隆起,在1 m 范围内隆起不小于15 mm,按长(m)×宽(m)计量
变形类	车辙	在行车作用下沿车轮带形成的相对于两侧的凹槽	以3 m 直尺横向测量。凹槽深大于15 mm 时,按车辙长度(m)×车道(轮迹)全宽(m)计量
变形类	沉陷	路面局部下沉	在3 m 直尺范围内沉陷深度大于10 mm,按长(m)×宽(m)计量
变形类	翻浆	路面、路基湿软,出现弹簧、破裂、冒泥浆现象	按面积计算,按长(m)×宽(m)计量

续表A.1.1

损坏大类	损坏小类	定义	计量标准
松散类	剥落	麻面、脱皮和松散等面层损失类	面层材料散失深度不大于20 mm。外围面积小于0.1 m² 不计,按散失范围长度(m)×宽度(m)计量
松散类	坑槽	路面材料散失后形成的凹坑	路面材料散失形成坑洞,凹坑深度大于等于20 mm,按长(m)×宽(m)计量
松散类	啃边	由于行车荷载作用致使路面边缘出现损坏	路面边缘材料剥落损坏或形成坑洞,凸凹差大于5 mm,按长(m)×宽(m)计量
其他类	路框差	路表与检查井框顶面的相对高差(高或低)	路面与路框差大于等于15 mm,按井数×1 m² 计量
其他类	唧浆	面层渗水进入基层,基层中细小颗粒从面层空隙喷薄出来	按实际面积计算,按长(m)×宽(m)计量
其他类	泛油	高温季节沥青被挤出,表面形成薄油层,行车出现轮迹	按面积计算,按长(m)×宽(m)计量

A.1.2 路面病害的扣分值应符合表A.1.2的规定。

表A.1.2 路面损坏小类单项扣分值

损坏类型	损坏密度(%)					
	0.01	0.1	1	10	50	100
线裂	3	5	8	16	38	48
网裂	5	8	10	20	45	70
龟裂	8	10	15	30	55	80
拥包	3	10	15	30	52	65
车辙	2	7	12	25	45	55
沉陷	3	5	12	25	47	63

续表A.1.2

损坏类型	损坏密度(%)					
	0.01	0.1	1	10	50	100
翻浆	10	15	20	40	65	80
剥落	2	5	8	15	35	45
坑槽	10	15	25	40	65	72
啃边	2	4	8	15	30	40
路框差	3	8	12	12	12	12
唧浆	5	10	15	25	50	80
泛油	2	4	8	20	40	70

注：病害扣分值根据损坏密度，由表中扣分值进行线性内插计算得到。

A.1.3 土建结构病害的分类及定义应符合表A.1.3的规定。

表A.1.3 土建结构病害定义及特征

病害类型	病害定义	病害特征指标
渗漏	(1) 湿渍：指隧道结构背水面呈现明显色泽变化的水渍斑，目前状态不渗水 (2) 渗水：指水从隧道结构内表面渗出，在隧道背水面可观察到流挂水膜 (3) 滴漏：指隧道结构背水面顶板存在渗漏水滴落现象，且每分钟至少1滴 (4) 线漏：指裂缝处有线流漏出 (5) 漏泥砂：指裂缝处有泥砂漏出	湿渍及渗水：面积(m^2)；滴漏：速度(L/min)；线漏及漏泥砂：速度(L/min)
混凝土裂缝	构件表面的开裂现象	条数；宽度(mm)；长度(mm)；深度(mm)；分布密度(cm/m^2)
混凝土破损	因混凝土碳化、腐蚀、剥落而造成构件外表面部分缺失	个数；深度(mm)；面积(cm^2)
混凝土老化	隧道混凝土结构出现碳化现象	碳化深度(mm)
混凝土强度不足	混凝土结构出现强度降低、承载力不足等现象	强度

续表A.1.3

病害类型	病害定义	病害特征指标
接缝张开	指管片的环与环、块与块,现浇结构变形缝与缝之间因为受力或不均匀沉降引起的接缝张开量	宽度(mm)
接缝错台	相邻混凝土段因外力或沉降作用下发生较大相对位移	高度(mm)
横断面变形	隧道结构横断面产生的收敛的变形	横向变形
纵断面沉降	隧道结构纵断面产生的竖向变形	竖向变形
钢结构锈蚀	钢结构(含钢筋和钢构件)表面出现锈蚀	处数;面积(m²)
剪力键支座剪切变形或脱空	沉管段剪力键支座出现剪切变形或脱空	个数;剪切变形角度;脱空
连接件防腐油脂氧化缺失	指管节间连接件(如钢拉索等)管腔内钢绞线防腐油脂出现氧化、老化、缺失现象	个数;程度
连接件松动	指管节间连接件(如钢拉索等)所处的松动或张紧状态	个数;程度

A.1.4 土建结构病害的扣分值应符合表A.1.4的规定。

表A.1.4 土建结构病害扣分标准

病害程度	无	轻微	一般	中等	严重
扣分值	0	10	25	35	50
渗漏	无	湿渍/渗水	滴漏	线漏	漏泥砂
混凝土裂缝	无	少量轻微裂缝,宽度小于等于0.2 mm	局部较多裂缝,宽度小于等于0.2 mm	局部较多裂缝,宽度小于等于0.3 mm	大面积裂缝,宽度大于0.3 mm
混凝土破损	无	细小裂纹;剥落的面积小于20 cm²	剥落的深度小于2 mm;剥落的面积在20 cm²～50 cm²	剥落的深度在2 mm～5 mm;剥落的面积在50 cm²～100 cm²	剥落的深度大于等于5 mm;剥落的面积大于等于100 cm²

续表 A.1.4

病害程度	无	轻微	一般	中等	严重
扣分值	0	10	25	35	50
接缝张开[a]	<100%	100%~200%	200%~250%	250%~300%	>300%
接缝错台[b]	<100%	100%~125%	125%~150%	150%~200%	>200%
钢结构锈蚀	无	钢构件的涂层剥落或钢筋暴露空气中	表层出现锈斑	表层发生锈蚀,因锈蚀导致截面减小	钢构件涂层剥落且本体产生锈蚀;钢筋暴露处裂缝渗水且夹带铁锈
剪力键支座剪切变形或脱空	无	剪切变形角度小于15°	剪切变形角度在15°~30°	剪切变形角度在30°~45°	剪切变形角度大于等于45°或完全脱空
连接件防腐油脂氧化缺失	无	轻微老化	—	氧化老化较严重,出现部分缺失	氧化老化严重、多数缺失
连接件松动	无	轻微松动	—	手动摇晃松动感一般,不明显	手动摇晃松动感明显

[a] 实测值/允许值:盾构段管片接缝张开允许值可取 4 mm,明挖暗埋段和敞开段变形缝张开允许值可取 20 mm,沉管段管节接头缝张开允许值根据止水带型式及生产厂商试验结果由设计单位给出。
[b] 实测值/允许值:盾构段管片接缝错台允许值可取 5 mm,明挖暗埋段和敞开段变形缝错台允许值可取 10 mm,沉管段管接头缝竖向错台允许值可取 12 mm、水平向错台允许值可取 4 mm。

A.2 附属设施技术性能评价标准

A.2.1 附属设施各子设施技术性能描述及扣分值应符合表 A.2.1-1~表 A.2.1-29 的规定。

表 A.2.1-1 逃生盖板技术性能评价标准

等级	技术性能描述	扣分值
1	启闭功能良好,密封性能良好,可以正常使用	0
2	启闭功能良好,密封性能不佳,可以正常使用	10
3	盖板无法顺利开启和关闭,密封性能不佳,可能渗水、漏气,影响正常使用	30
4	盖板无法开启和关闭,破损严重无法密封,无法正常使用	50
5	盖板缺失,影响通行安全	100

表 A.2.1-2 滑梯通道(逃生楼梯)技术性能评价标准

等级	技术性能描述	扣分值
1	设施整洁完好,标志齐全,通道路面完好,能保障紧急状况下的正常使用	0
2	设施存在少量脏污,标志部分缺失,通道路面轻微裂缝,能保障紧急状况下的正常使用	10
3	设施部分破损,脏污严重,标志缺失,通道路面有沉陷、隆起、积水,影响紧急状况下的使用	30
4	设施损坏严重,通道路面有明显的隆起、积水严重,标志缺失,不能保障紧急状况下的通行	50
5	设施缺失	100

表 A.2.1-3 安全防护门技术性能评价标准

等级	技术性能描述	扣分值
1	启闭功能良好,密封性能良好,可以正常使用	0
2	启闭功能良好,密封性能基本良好,存在轻微锈蚀等病害,可以正常使用	10
3	无法顺利开启和关闭,存在局部破损或变形,密封性能不佳,可能渗水、漏气,影响正常使用	30
4	无法开启和关闭,破损或变形严重,无法密封,无法正常使用	50
5	缺失	100

表 A.2.1-4 侧墙装饰(装饰板、涂料、墙砖)技术性能评价标准

等级	技术性能描述	扣分值
1	无裂缝,无破损,可以正常使用	0
2	100 m区段内有个别轻微裂缝、局部破损,可以正常使用	10
3	100 m区段内有个别明显裂缝,多处局部破损,可以正常使用	20
4	100 m区段内有多处明显裂缝,个别大面积破损、安装不牢固,影响正常使用	30
5	100 m区段内有大面积裂缝、破损、缺失,安装不牢固,无法正常使用	50

表 A.2.1-5 防火装饰板(防火涂料)技术性能评价标准

等级	技术性能描述	扣分值
1	防火板完好,可以正常使用	0
2	100 m区段内个别防火板有轻微破损,可以正常使用	10
3	100 m区段内防火板有小面积破损,可以正常使用	20
4	100 m区段内防火板有1处大面积破损,影响正常使用	30
5	100 m区段内防火板有多处大面积损坏、脱落,影响通行安全,不能正常使用	50

表 A.2.1-6 设备吊件及预埋件技术性能评价标准

等级	技术性能描述	扣分值
1	非常牢固,可以正常使用	0
2	结构牢固,表层有轻微锈蚀或破损,可以正常使用	10
3	结构有部分损坏,表层有小面积破损,不影响正常使用	20
4	结构有显著损坏,表层有大面积破损,影响正常使用	30
5	结构大部分损坏,表层有大面积破损,不能正常使用,影响通行安全	50

表 A.2.1-7 防撞侧石技术性能评价标准

等级	技术性能描述	扣分值
1	非常牢固,可以正常使用	0
2	100 m 区段内结构牢固,表层有个别轻微破损,可以正常使用	10
3	100 m 区段内结构有部分损坏或裂缝,表层有个别小面积破损,不影响正常使用	20
4	100 m 区段内结构有显著损坏或裂缝,表层有大面积破损,影响正常使用	30
5	100 m 区段内结构严重损坏,有多处大面积破损,不能正常使用,影响通行安全	50

表 A.2.1-8 防撞桶(水马)技术性能评价标准

等级	技术性能描述	扣分值
1	外观完整,牢固,反光良好	0
2	表面有少量污脏,牢固,反光良好,不影响正常使用	10
3	表面有轻微破损、变形,有少量脏污,不影响正常使用	20
4	表面有明显破损、变形,有大量脏污,影响正常使用	30
5	表面有严重破损、变形,或缺失,无法正常使用	50

表 A.2.1-9 警示柱技术性能评价标准

等级	技术性能描述	扣分值
1	外观完整,安装牢固,反光良好	0
2	表面有少量污脏,安装牢固,反光良好,不影响正常使用	10
3	表面有轻微破损、变形,轻微松动,有少量脏污,不影响正常使用	20
4	表面有明显破损、变形,松动,有大量脏污,影响正常使用	30
5	表面有严重破损、变形,或缺失,无法正常使用	50

表 A.2.1-10 护栏技术性能评价标准

等级	技术性能描述	扣分值
1	外观完整,安装牢固,功能完整	0
2	100 m 区段内表面有少量污脏,安装牢固,不影响正常使用	10
3	100 m 区段内有个别轻微破损、变形,轻微松动,有少量脏污,不影响正常使用	20
4	100 m 区段内有明显破损、变形,松动,有大量脏污,影响正常使用	30
5	100 m 区段内破损面积较大,使用功能被破坏,无法正常使用	50

表 A.2.1-11 声屏障技术性能评价标准

等级	技术性能描述	扣分值
1	固定结构牢固,屏体安装牢固,外观完整、表面干净、功能完整	0
2	100 m 区段内固定结构牢固,屏体安装牢固,表面有少量污脏、功能完整,不影响正常使用	10
3	100 m 区段内固定结构牢固,屏体安装牢固,表面有轻微破损、有少量脏污,不影响正常使用	20
4	100 m 区段内固定结构牢固,屏体安装轻微松动、表面有明显破损、变形,有大量脏污,影响正常使用	30
5	100 m 区段内固定结构松动,屏体安装松动、表面破损面积较大、缺失脱落,有掉落风险	50

表 A.2.1-12 轮廓标技术性能评价标准

等级	技术性能描述	扣分值
1	外观完整,安装牢固,反光良好	0
2	100 m 区段内表面有少量污脏,安装牢固,反光良好,不影响正常使用	10
3	100 m 区段内表面有轻微破损,松动,有少量脏污,不影响正常使用	20
4	100 m 区段内有明显破损、脱落,有大量脏污,影响正常使用	30
5	100 m 区段内有连续 3 个以上轮廓标缺失、脱落,使用功能被破坏,无法正常使用	50

表 A.2.1-13 交通龙门架技术性能评价标准

等级	技术性能描述	扣分值
1	门架结构完好,外观整洁,标志齐全,满足使用要求	0
2	门架结构轻微破损或锈蚀,外观整洁,标志齐全,满足使用要求	10
3	门架结构存在破损、变形、锈蚀,标志部分缺失,不影响交通安全	20
4	门架结构破损或变形明显,标志缺失,可能影响交通安全	30
5	门架结构破损或整体变形,标志缺失,可能影响交通安全	50

表 A.2.1-14 路面标线、标识技术性能评价标准

等级	技术性能描述	扣分值
1	外观良好、表面干净,光度性能满足要求	0
2	100 m 区段内表面有脏污,光度性能受到影响,可以正常使用	10
3	100 m 区段内表面有个别轻微破损,有少量脏污,光度性能受到影响,可以正常使用	20
4	100 m 区段内个别标识表面有明显破损、磨损,有大量脏污,光度性能受到明显影响,影响正常使用	30
5	100 m 区段内多处标识破损、磨损至辨认困难,无法正常使用	50

表 A.2.1-15 交通标识牌技术性能评价标准

等级	技术性能描述	扣分值
1	外观良好、表面干净,光度性能满足要求	0
2	表面有脏污,光度性能受到影响,可以正常使用	10
3	表面有轻微破损、变形,有少量脏污,光度性能受到影响,可以正常使用	20
4	表面有明显破损、变形,有大量脏污,辨识困难,影响正常使用	30
5	标识破损、变形严重或缺失,无法正常使用	50

表 A.2.1-16　限高装置技术性能评价标准

等级	技术性能描述	扣分值
1	结构完好,外观整洁,标识清晰,满足限高要求	0
2	结构轻微破损,外观整洁,标识清晰,满足限高要求	10
3	结构破损、变形较明显,标识模糊,净空误差较大但基本满足限高要求,不影响交通安全	20
4	结构破损或明显变形,标识模糊,净空误差大但基本满足限高要求,可能影响交通安全	30
5	结构破损或整体变形,标识缺失,净空误差很大不能满足限高要求,影响交通安全	50

表 A.2.1-17　排水沟(边沟)技术性能评价标准

等级	技术性能描述	扣分值
1	无硬物、垃圾,排水口无阻塞,集水功能良好,排水功能良好	0
2	100 m 区段内有小块硬物、垃圾,排水口无阻塞,集水功能良好,排水功能良好	10
3	100 m 区段内有大块硬物、垃圾,排水口有少量淤泥阻塞,集水功能、排水功能均能正常使用	20
4	100 m 区段内有大块硬物、垃圾,排水口有大量淤泥阻塞,影响集水功能、排水功能正常使用	30
5	100 m 区段内有大块硬物、垃圾,排水口完全被堵,集水功能、排水功能无法正常使用	50

表 A.2.1-18　集水井(沟)技术性能评价标准

等级	技术性能描述	扣分值
1	集水井不渗漏,无沉积泥砂、杂物,使用正常	0
2	集水井池壁少量渗漏,有少量沉积泥砂、杂物,不影响正常使用	10
3	集水井池壁局部渗漏,沉积泥砂、杂物较多,一定程度上影响正常使用	20
4	集水井渗漏严重,泥砂、杂物沉积严重,影响正常使用	30
5	集水井渗漏非常严重,泥砂、杂物沉积非常严重,无法正常使用	50

表 A.2.1-19 横截沟(盖板)技术性能评价标准

等级	技术性能描述	扣分值
1	无硬物堵塞,盖板牢固,盖框差小于15 mm,无积泥,使用正常	0
2	有小块硬物,盖板牢固,盖框差小于25 mm,积泥厚度小于1 cm,使用正常	10
3	有大块硬物、盖板略有跳动,盖框差小于35 mm,积泥厚度小于2 cm,可能影响通行安全	30
4	有大块硬物,盖板跳动较大,盖框差大于等于35 mm,积泥厚度大于等于2 cm,影响通行安全	50
5	盖板缺失	100

表 A.2.1-20 光过渡建筑技术性能评价标准

等级	技术性能描述	扣分值
1	结构完好、整洁,标志齐全清晰,减光效果正常	0
2	结构轻微破损,脏污,标志基本齐全清晰,减光效果正常	10
3	结构局部变形、破损,标志缺失,减光效果部分丧失,不影响通行安全	20
4	结构变形、破损,标志缺失,减光效果部分丧失,可能影响通行安全	30
5	结构变形、破损严重,标志缺失,减光效果部分丧失,影响通行安全	50

表 A.2.1-21 常闭防火门技术性能评价标准

等级	技术性能描述	扣分值
1	启闭功能良好,密封性能良好,可以正常使用	0
2	启闭功能基本良好,密封性能基本良好,可以正常使用	10
3	开启或关闭有困难,密封性能不佳,可能漏气,基本可以正常使用	20
4	设施破损或变形,无法顺利开启、关闭,密封性能不佳,影响正常使用	30
5	无法开启和关闭,破损严重无法密封,无法正常使用	50

表 A.2.1-22 设备用房技术性能评价标准

等级	技术性能描述	扣分值
1	承重构件完好,非承重墙体完好、墙体无渗漏,地面平整,能正常使用	0
2	承重构件完好,非承重墙体轻微裂缝、破损、局部渗漏;能正常使用	10
3	承重构件基本完好,非承重墙体少量破损、裂缝、局部渗漏;不影响正常使用	30
4	承重构件少量破损、裂缝,非承重墙体破损、裂缝严重;影响正常使用	50
5	承重构件破损、裂缝严重,渗漏严重,无法正常使用	100

表 A.2.1-23 办公用房技术性能评价标准

等级	技术性能描述	扣分值
1	承重构件完好,非承重墙体完好、墙体无渗漏,地面平整,能正常使用	0
2	承重构件完好,非承重墙体轻微裂缝、破损、局部渗漏;能正常使用	10
3	承重构件基本完好,非承重墙体少量破损、裂缝、局部渗漏;不影响正常使用	30
4	承重构少量破损、裂缝,非承重墙体破损、裂缝严重;影响正常使用	50
5	承重构件破损、裂缝严重,渗漏严重,无法正常使用	100

表 A.2.1-24 检查亭(道口岗亭)技术性能评价标准

等级	技术性能描述	扣分值
1	承重构件完好,非承重墙体完好、墙体无渗漏,地面平整,能正常使用	0
2	承重构件完好,非承重墙体轻微裂缝、破损、局部渗漏;能正常使用	10
3	承重构件基本完好,非承重墙体少量破损、裂缝、局部渗漏;不影响正常使用	30
4	承重构少量破损、裂缝,非承重墙体破损、裂缝严重;影响正常使用	50
5	承重构件破损、裂缝严重,渗漏严重,无法正常使用	100

表 A.2.1-25　设备箱技术性能评价标准

等级	技术性能描述	扣分值
1	外观良好,表面干净,无锈蚀,防水功能完整	0
2	表面有少量脏污,箱门轻微松动,无锈蚀,可以正常使用	10
3	表面有轻微破损,箱门松动,有少量锈蚀,可以正常使用	20
4	表面有明显破损,箱门插销损坏或丢失,有锈蚀,防水功能受损,影响正常使用	30
5	表面破损面积较大,箱门掉落,锈蚀严重,防水功能缺失,无法正常使用	50

表 A.2.1-26　绿化技术性能评价标准

等级	技术性能描述	扣分值
1	绿地完整,无有害生物,无缺株死树,景观良好	0
2	绿地轻微空秃,少量有害生物,无缺株死树,不影响景观	10
3	任意 $100~m^2$:绿地空秃小于 $5~m^2$,有害生物面积小于 $5~m^2$,缺株死树 1 棵	20
4	任意 $100~m^2$:绿地空秃小于 $15~m^2$,有害生物面积小于 $15~m^2$,缺株死树 2 棵~3 棵	30
5	任意 $100~m^2$:绿地空秃大于 $15~m^2$,有害生物面积大于 $15~m^2$,缺株死树大于 3 棵	50

表 A.2.1-27　井盖技术性能评价标准

等级	技术性能描述	扣分值
1	外观完整,井(盖)框差小于 15 mm,开启正常,功能完整	0
2	外观完整,井(盖)框差小于 25 mm,开启正常,不影响正常使用	10
3	有明显破损、变形、松动,井(盖)框差小于 35 mm,影响正常使用	30
4	破损、变形、松动严重,井(盖)框差大于等于 35 mm,无法正常使用,影响行车安全	50
5	井盖缺失	100

表 A.2.1-28 景观照明技术性能评价标准

等级	技术性能描述	扣分值
1	安装牢固,外观整洁,景观良好,功能完整	0
2	安装牢固,表面有少量污脏,发光正常,不影响景观效果	10
3	安装牢固,有少量脏污,个别灯具不亮,轻微影响景观效果	20
4	安装松动,有明显破损,部分灯具不亮,影响景观效果	30
5	安装松动,损坏严重,大量灯具不亮,景观效果差	50

表 A.2.1-29 其他技术性能评价标准

等级	技术性能描述	扣分值
1	外观完整,表面干净,功能完整	0
2	表面有少量污脏,功能完整,不影响正常使用	10
3	有轻微破损,有少量脏污,不影响正常使用	20
4	有明显破损,有大量脏污,影响正常使用	30
5	破损严重,无法正常使用	50

附录 B 设施设备检查信息记录表

B.0.1 设施设备日常检查记录可按表 B.0.1 进行记录。

表 B.0.1 设施日常检查记录表

设施名称：　　　　　隧道类型：　　　　　　　隧道走向：
检查单位：　　　　　检查日期：　　年　月　日　天　气：

序号	里程桩号	检查内容	异常描述	影像或照片编号

检查人员：　　　　　　　　　　　　　　记录人员：

B.0.2 隧道渗漏水量、一氧化碳浓度、烟雾浓度、废水及照度检测可按表 B.0.2-1～表 B.0.2-4 进行记录。

表 B.0.2-1 隧道渗漏水量检测记录表

序号	集水池面积(m^2)	结构段内表面积(m^2)	观察时间(h) 起	观察时间(h) 止	观察时间(h) 累计	液位读数(m) 读数1	读数2	读数3	读数4	读数5	读数6	Δh	昼夜渗漏量(L/d)	每平方米昼夜渗漏量(L/$m^2 \cdot d$)	备注
全隧道平均渗漏量															

测量日期： 天气： 气温： ℃

测量人员： 审核人员： 填表日期：

表 B.0.2-2 一氧化碳浓度和烟雾浓度检测记录表

测量位置		测量记录		备注
线路	位置	CO(ppm)	$K(10^{-3}/m)$	

测量人员：　　　　　审核人员：　　　　　填表日期：

表 B.0.2-3 废水检测记录表

序号	部位	pH值	悬浮物(mg/L)	测量日期	备注

测量人员：　　　　　审核人员：　　　　　填表日期：

表 B.0.2-4 照度检测记录表

测量日期			测量仪器型号				
测点纵向间距			测点横向间距				
测量线路			车道数				
测点记录(lx)							
测量照明区段	纵向分布	车道1		车道2		车道3		
		边	中	边	中	边	中	边
	0 m							
	2 m							
	4 m							
	6 m							
	8 m							
	10 m							
平均照度				总均匀度				
灯具分类:①LED灯　②高压钠灯　③无极灯　④金卤灯　⑤荧光灯　⑥其他							
测量人员：　　　　　审核人员：　　　　　填表日期：							

附录 C 土建设施分类、权重

C.0.1 土建设施分类、重要度、权重取值及病害项应符合表 C.0.1 的规定。

表 C.0.1 土建设施分类与评价权重

结构类别	构件类型	类型重要度	构件类型权重 ω_k	病害项
盾构段	管片	A	0.40	混凝土破损
				混凝土裂缝
				钢结构锈蚀
				渗漏
	接缝及连接构件	B	0.30	接缝错台
				接缝张开
				渗漏
				连接件松动
				钢结构锈蚀
	车道板及支撑构件(牛腿、立柱、口子件、侧墙)	B	0.20	混凝土破损
				混凝土裂缝
				渗漏
				钢结构锈蚀
	烟道板及支撑构件(牛腿)	B	0.10	混凝土破损
				混凝土裂缝
沉管段	管节	A	0.45	混凝土破损
				混凝土裂缝
				钢结构锈蚀

续表C.0.1

结构类别	构件类型	类型重要度	构件类型权重 ω_k	病害项
沉管段	管节	A	0.45	剪力键支座剪切变形或脱空
				渗漏
	接头	A	0.55	接缝错台
				接缝张开
				连接件防腐油脂氧化缺失
				连接件松动
				渗漏
暗埋段	墙、柱、顶板(梁)、底板(梁)	A	0.60	混凝土破损
				混凝土裂缝
				钢结构锈蚀
				渗漏
	变形缝	B	0.40	接缝错台
				接缝张开
				渗漏
				钢结构锈蚀
敞开段	侧墙、底板	A	0.60	混凝土破损
				混凝土裂缝
				钢结构锈蚀
				渗漏
	变形缝	B	0.40	接缝错台
				接缝张开
				钢结构锈蚀
				渗漏
工作井	框架、墙、板、柱	A	0.50	混凝土破损
				混凝土裂缝

续表C.0.1

结构类别	构件类型	类型重要度	构件类型权重 ω_k	病害项
工作井	框架、墙、板、柱	A	0.50	钢结构锈蚀
				渗漏
	盾构段与工作井连接结构	B	0.25	接缝错台
				混凝土破损
				混凝土裂缝
				钢结构锈蚀
				渗漏
	暗埋段与工作井连接结构	B	0.25	接缝错台
				混凝土破损
				混凝土裂缝
				钢结构锈蚀
				渗漏
横通道	通道结构	A	0.50	混凝土裂缝
				钢结构锈蚀
				渗漏
	变形缝	B	0.50	接缝错台
				接缝张开
				钢结构锈蚀
				渗漏
通风结构	风道	B	0.40	接缝错台
				混凝土破损
				混凝土裂缝
				钢结构锈蚀
				渗漏

续表C.0.1

结构类别	构件类型	类型重要度	构件类型权重ω_k	病害项
通风结构	风井	B	0.30	接缝错台
				混凝土破损
				混凝土裂缝
				钢结构锈蚀
				渗漏
	风塔	B	0.30	混凝土破损
				混凝土裂缝
				钢结构锈蚀
				渗漏
路面	路面	B	1.00	应符合本标准附录A中表A.1.1的规定

附录 D 机电系统分类、权重

D.0.1 各机电系统分类及重要度应符合表 D.0.1-1~表 D.0.1-7 的规定。

表 D.0.1-1 综合监控系统分类和重要度

机电子系统	设备类型	设备重要度
中央控制管理子系统	服务器	A
	工作站	B
	磁盘阵列	A
	软件	A
	网络安全硬件	A
	拼接显示屏、地图屏	B
视频监控子系统	摄像机	B
	视频解码器	B
	视频编码器	B
	视频分配器	B
	硬盘录像机	A
	视频控制矩阵	A
	矩阵控制键盘	C
	图像分割处理器	B
设备监控子系统	可编程控制器 PLC	A
	现场控制机柜	B
	电子围栏	C
交通监控子系统	超高车辆检测器	B
	车道指示器	B

续表 D.0.1-1

机电子系统	设备类型	设备重要度
交通监控子系统	通道指示灯	C
	可变信息标志	A
	车辆检测器	C
	视频事件检测器	C
健康监测子系统	数据采集仪	B
	沉降监测传感器	B
	收敛监测传感器	B
	测缝计	C
	振动传感器	C
	渗漏监测传感器	C
	应变传感器	C
	倾角传感器	C
	CO/VI检测仪	B
	风速风向检测仪	C
	亮度/照度检测仪	C
	噪声检测仪	C
	水质检测传感器	C
	温/湿度检测仪	C
	空气质量检测仪	C
	雨量检测仪	C
	其他	C

表 D.0.1-2 通信系统分类和重要度

机电子系统	设备类型	设备重要度
数据、视频通信子系统	路由器	B
	交换机	A
	光端机	B

续表 D.0.1-2

机电子系统	设备类型	设备重要度
数据、视频通信子系统	网关	B
	集线器	C
	终端接入设备	C
	通信线缆	B
电话通信子系统	程控交换机	A
	配线架	C
	电话机	C
	话务台	B
	光纤收发器	B
有线广播通信子系统	广播主控设备	A
	功率设备	A
	扬声器	B
	以太网串口服务器	B
无线广播通信子系统	基站设备	B
	中继站设备	B
	天线	C
	泄漏电缆	C
	移动台	C

表 D.0.1-3 火灾报警和消防系统分类和重要度

机电子系统	设备类型	设备重要度
火灾报警子系统	火灾报警控制器	A
	火灾显示盘	C
	区域模块控制器	A
	火灾报警探测器	A
	手动报警按钮	A
	消防电话	A
	光电标志	C

续表 D.0.1-3

机电子系统	设备类型	设备重要度
消防子系统	消防控制柜	A
	消防喷淋泵组	A
	消防泡沫泵组	A
	消火栓泵组	A
	消火栓	A
	雨淋阀组	A
	喷头	A
	泡沫罐	B
	阀门	B
	管道	A
	气体灭火设备	A
	灭火器	A
	卷帘门	B
	水泵接合器	A
	消防压力表	B
	电梯	B

表 D.0.1-4 通风系统分类和重要度

机电子系统	设备类型	设备重要度
通风子系统	轴流风机	A
	射流风机	A
	混流风机	B
	离心风机	B
	风阀	C
	风机控制柜	B
	风管	C
	消音设备	C
	空调/换气扇	B

表 D.0.1-5 排水系统分类和重要度

机电子系统	设备类型	设备重要度
排水子系统	排水泵	A
	阀门	C
	液位控制器	C
	水泵控制箱	B
	电动葫芦	C
	管路	B
	排水压力表	B

表 D.0.1-6 供配电系统分类和重要度

机电子系统	设备类型	设备重要度
高压配电子系统	受电开关柜	A
	计量柜	C
	压变避雷柜	A
	变压器开关柜	A
	高压变压器	A
	高压安全用具	B
	电缆	B
低压配电子系统	低压总开关柜及联络柜	A
	分路馈电开关	B
	电容器柜	B
	低压变压器	A
	动力与照明设备电源控制柜	B
	UPS	A
	EPS	A
	发电设备	C
	配电箱	B
	稳压器	B

续表D.0.1-6

机电子系统	设备类型	设备重要度
低压配电子系统	直流屏	A
	交流屏	B
	低压安全用具	B
防雷与接地子系统	防雷设施	C
	接地装置	A
电力监控子系统	模拟屏	C
	光示报警信号柜	B
	综合微机保护装置	B
	RTU现场控制柜	B

表D.0.1-7 照明系统分类和重要度

机电子系统	设备类型	设备重要度
照明子系统	主照明灯具	B
	加强照明灯具	B
	应急照明灯具	A
	引道照明灯具	B
	其他照明灯具	C
	照明控制箱	B
	照明线路	B

D.0.2 机电子系统及分系统评价计算权重应按表D.0.2的规定取值。

表D.0.2 机电系统评价权重

序号	机电分系统	分系统权重 ω_i	机电子系统	子系统权重 ω_{ij}
1	综合监控系统	0.17	中央控制管理子系统	0.30
			视频监控子系统	0.20
			设备监控子系统	0.20

续表D.0.2

序号	机电分系统	分系统权重 ω_i	机电子系统	子系统权重 ω_{ij}
1	综合监控系统	0.17	交通监控子系统	0.20
			健康监测子系统	0.10
2	通信系统	0.12	数据、视频通信子系统	0.40
			电话通信子系统	0.20
			有线广播通信子系统	0.20
			无线广播通信子系统	0.20
3	火灾报警和消防系统	0.25	火灾报警子系统	0.55
			消防子系统	0.45
4	通风系统	0.11	通风子系统	1.00
5	排水系统	0.12	排水子系统	1.00
6	供配电系统	0.12	高压配电子系统	0.30
			低压配电子系统	0.30
			防雷与接地子系统	0.20
			电力监控子系统	0.20
7	照明系统	0.11	照明子系统	1.00

D.0.3 机电系统技术性能指数计算标定参数应按表D.0.3的规定取值。

表D.0.3 机电系统技术性能值计算标定参数

系统	参数	分系统评定等级				
		1类	2类	3类	4类	5类
综合监控系统	a_{ij}	252.525	104.712	105.337	93.750	88.889
	b_{ij}	−152.525	−10.565	−11.106	−2.734	0.000
通信系统	a_{ij}	252.525	104.712	105.337	93.750	88.889
	b_{ij}	−152.525	−10.565	−11.106	−2.734	0.000

续表D.0.3

系统	参数	分系统评定等级				
		1类	2类	3类	4类	5类
火灾报警和消防系统	a_{ij}	1 002.506	146.145	134.409	109.012	74.360
	b_{ij}	−902.506	−54.688	−43.871	−23.299	0.000
通风系统	a_{ij}	252.525	104.712	119.713	92.593	86.565
	b_{ij}	−152.525	−10.565	−23.540	−3.481	0.000
排水系统	a_{ij}	252.525	104.712	119.713	92.593	86.565
	b_{ij}	−152.525	−10.565	−23.540	−3.481	0.000
供配电系统	a_{ij}	252.525	130.208	137.363	99.800	80.115
	b_{ij}	−152.525	−35.052	−41.374	−12.285	0.000
照明系统	a_{ij}	252.525	104.712	105.337	93.750	88.889
	b_{ij}	−152.525	−10.565	−11.106	−2.734	0.000

附录 E 附属设施分类、权重

E.0.1 附属设施分类、重要度及评价权重取值应符合表 E.0.1 的规定。

表 E.0.1 附属设施分类、评价权重及重要度

分设施	分设施权重 ω_i	子设施	子设施权重 ω_{ij}	子设施重要度
逃生通道	0.15	逃生盖板	0.35	B
		滑梯通道(逃生楼梯)	0.30	B
		安全防护门	0.35	B
装饰层	0.15	侧墙装饰(装饰板、涂料、墙砖)	0.30	B
		防火装饰板(防火涂料)	0.40	B
		设备吊件及预埋件	0.30	B
交通安全设施	0.25	防撞侧石	0.20	B
		防撞桶(水马)	0.05	C
		警示柱	0.05	C
		护栏	0.05	C
		声屏障	0.10	B
		轮廓标	0.05	C
		交通龙门架	0.10	B
		路面标线、标识	0.20	C
		交通标识牌	0.10	B
		限高装置	0.10	B

续表E.0.1

分设施	分设施权重 ω_i	子设施	子设施权重 ω_{ij}	子设施重要度
排水设施	0.15	排水沟(边沟)	0.30	C
		集水井(沟)	0.35	C
		横截沟(盖板)	0.35	B
光过渡建筑	0.05	光过渡建筑	1.00	C
消防设施	0.10	常闭防火门	1.00	B
管理用房	0.10	设备用房	0.50	B
		办公用房	0.30	C
		检查亭(道口岗亭)	0.20	B
其他	0.05	设备箱	0.30	C
		绿化	0.20	B
		井盖	0.30	B
		景观照明	0.15	B
		其他	0.05	C

附录 F 运行服务评价指标、权重

F.0.1 运行服务评价指标及权重取值应符合表 F.0.1 的规定。

表 F.0.1 运行服务指标评价权重

评价分指数	分指数权重 ω_i	评价子指标	子指标权重 ω_{ij}
交通服务指数	0.20	高峰期饱和度	0.30
		交通服务量	0.25
		高峰期平均行驶速度	0.25
		通行影响率	0.20
安全服务指数	0.30	交通事故率	0.35
		安全生产事故	0.30
		高峰期烟雾浓度	0.35
响应服务指数	0.25	用户投诉及时处置率	0.20
		有责投诉数	0.20
		牵引排堵及时率	0.30
		应急响应及时率	0.30
环境服务指数	0.25	照明状况	0.20
		废水排放合格率	0.15
		标线光度性能	0.15
		保洁效果	0.20
		高峰期一氧化碳浓度	0.15
		节能环保	0.15

本标准用词说明

1 为便于在执行本标准条文时区别对待,对要求严格程度不同的用词说明如下:
   1) 表示很严格,非这样做不可的用词:
      正面词采用"必须";
      反面词采用"严禁"。
   2) 表示严格,在正常情况下均应这样做的用词:
      正面词采用"应";
      反面词采用"不应"或"不得"。
   3) 表示允许稍有选择,在条件许可时首先应这样做的用词:
      正面词采用"宜";
      反面词采用"不宜"。
   4) 表示有选择,在一定条件下可以这样做的用词,采用"可"。

2 条文中指明应按其他有关标准执行时的写法为"应符合……的规定"或"应按……执行"。

引用标准名录

1 《照明测量方法》GB/T 5700
2 《水质 悬浮物的测定 重量法》GB 11901
3 《道路交通标线质量要求和检测方法》GB/T 16311
4 《城市交通运行状况评价规范》GB/T 33171
5 《混凝土结构现场检测技术标准》GB/T 50784
6 《城镇道路养护技术规范》CJJ 36
7 《城市道路工程设计规范》CJJ 37
8 《水质 pH值的测定 电极法》HJ 1147
9 《公路隧道照明设计细则》JTG/T D70/2—01
10 《公路隧道通风设计细则》JTG/T D70/2—02
11 《公路工程质量检验评定标准 第一册 土建工程》JTG F80/1
12 《公路养护技术规范》JTG H10
13 《公路隧道养护技术规范》JTG H12
14 《公路工程质量检验评定标准 第二册 机电工程》JTG 2182
15 《公路隧道设计规范 第一册 土建工程》JTG 3370.1
16 《公路技术状况评定标准》JTG 5210
17 《城市道路养护技术规程》DG/TJ 08—92
18 《道路隧道设计标准》DG/TJ 08—2033
19 《盾构法隧道结构服役性能鉴定规范》DG/TJ 08—2123
20 《市政道路机电系统维护技术规程》DG/TJ 08—2171
21 《隧道养护技术规程》DG/TJ 08—2175

上海市工程建设规范

道路隧道养护运行评价技术标准

DG/TJ 08—2425—2023
J 16933—2023

条文说明

2023　上海

目　次

1 总　则 ………………………………………………… 85
3 基本规定 ……………………………………………… 86
　3.1 一般规定 ………………………………………… 86
　3.2 等级评定 ………………………………………… 87
4 评价资料准备 ………………………………………… 89
　4.1 设施设备 ………………………………………… 89
　4.2 养护运行记录 …………………………………… 90
5 土建设施 ……………………………………………… 92
　5.1 评价对象 ………………………………………… 92
　5.2 评价流程 ………………………………………… 93
　5.3 等级评定 ………………………………………… 94
6 机电系统 ……………………………………………… 101
　6.1 评价对象 ………………………………………… 101
　6.2 评价流程 ………………………………………… 101
　6.3 等级评定 ………………………………………… 102
7 附属设施 ……………………………………………… 107
　7.2 评价流程 ………………………………………… 107
　7.3 等级评定 ………………………………………… 107
8 运行服务 ……………………………………………… 110
　8.1 评价对象 ………………………………………… 110
　8.2 评价流程 ………………………………………… 110
　8.3 等级评定 ………………………………………… 113
9 评价管理 ……………………………………………… 118
　9.1 数字档案 ………………………………………… 118
　9.2 养护决策 ………………………………………… 118

Contents

1 General provisions ··· 85
3 Basic regulations ··· 86
   3.1 General regulations ································· 86
   3.2 Evaluation levels ···································· 87
4 Evaluation data preparation ······························ 89
   4.1 Facilities and equipments ························· 89
   4.2 Maintenance operation records ················· 90
5 Civil engineering facilities ································ 92
   5.1 Evaluation objects ·································· 92
   5.2 Evaluation processes ······························· 93
   5.3 Evaluation levels ···································· 94
6 Electromechanical system ································ 101
   6.1 Evaluation objects ·································· 101
   6.2 Evaluation processes ······························· 101
   6.3 Evaluation levels ···································· 102
7 Affiliated facilities ·· 107
   7.2 Evaluation processes ······························· 107
   7.3 Evaluation levels ···································· 107
8 Operational service ··· 110
   8.1 Evaluation objects ·································· 110
   8.2 Evaluation processes ······························· 110
   8.3 Evaluation levels ···································· 113
9 Evaluation management ·································· 118
   9.1 Digital archives ······································ 118
   9.2 Maintenance decisions ····························· 118

1 总　则

1.0.1 本条为本标准编制目的。本标准制定以保障道路隧道安全和性能、提升运行服务质量和水平为目标。

1.0.2 本条为本标准应用范围。本标准针对本市道路隧道中常见的盾构法、明挖法和沉管法隧道进行编制，顶管法等其他工法隧道在技术条件相同时可参照本标准执行。本标准不适用于轨道交通隧道的评价。

1.0.3 当本标准所涉及的国家、行业和本市有关标准发生变更后，本标准中引用的条款自动以最新版本的条款为准。

3 基本规定

3.1 一般规定

3.1.1 评价对象中设施、设备的重要度根据对隧道性能和运行安全的影响程度进行划分,重要度A、B、C的定义如下:

  1 重要度A表示对隧道性能或运行安全影响较大。
  2 重要度B表示对隧道性能或运行安全有一定影响。
  3 重要度C表示对隧道性能和运行安全影响轻微或不显著。

3.1.2 本标准采用分层综合评价与单项控制指标相结合的方法进行隧道技术性能、服务状况及综合状况评价。首先根据本标准第4章的要求对隧道检查、检测数据进行采集并计算相关评价指标,然后分别对隧道土建设施、机电系统、附属设施和运行服务进行评价,最后完成隧道技术性能、服务状况及综合状况评价。

3.1.3 本标准各评价层级的评价等级划分为1类、2类、3类、4类和5类。隧道技术性能等级为1类~3类可认为技术性能合格;隧道服务状况等级为1类~3类可认为服务质量合格;隧道综合状况等级为1类~3类可认为隧道综合状况合格。

3.1.4 当实际评价的隧道中不存在本标准附录C~附录F中列出的某类设施、设备或非必要性指标时,评价计算可将其权重按原有权重比例关系分配至其他设施、设备类型或指标。假设原有 n 类设施、设备或指标,每类对应的权重为 ω_i,且 $\sum_{i=1}^{n}\omega_i = 1$;若无第 k 类信息,则将 ω_k 取为0,其他每类的权重为 $\dfrac{\omega_i}{\sum_{i=1}^{n}\omega_i}$。

3.2 等级评定

3.2.2 对于不同服役时间的隧道,关注侧重点有所不同。可根据隧道服役时间及管理需要,调整技术性能和服务状况在隧道综合状况中的权重,权重可按表1的规定取值。隧道综合状况等级评定示例如下:

表1 不同服役时间隧道权重

隧道服役时间	≤5年	>5年,≤15年	>15年
ω_t	0.60	0.65	0.75
ω_s	0.40	0.35	0.25

1 示例隧道通车使用年限为3年,技术性能指数为87.79,服务状况指数为91.40。

2 按本条文说明中表1的规定可选取技术性能指数与服务状况指数的权重分别为0.60和0.40。

3 按本标准公式(3.2.2)可计算得到隧道综合状况指数,计算过程如示例1所示。

4 按本标准表3.2.2的规定,隧道综合状况指数为89.23,评价等级应评定为2类。

示例1:$ZI = 0.60 \times 87.79 + 0.40 \times 91.40 = 89.23$

3.2.3 隧道技术性能指数计算示例如下:

1 示例隧道的土建设施技术性能指数为87.79,机电系统技术性能指数为90.38,附属设施技术性能指数为93.05。

2 按本标准第3.2.3条的规定,技术性能指数取公式(3.2.3)计算值和土建设施技术性能指数二者中的最小值,公式(3.2.3)的计算过程如示例2所示,计算值为89.88。

3 技术性能指数取89.88和87.79中的最小值,即87.79。

4 按本标准表3.2.3的规定,技术性能评价等级应评定为

2类。

示例2：$JI = 0.4 \times 87.79 + 0.4 \times 90.38 + 0.2 \times 93.05 = 89.88$

3.2.4 隧道服务状况指数计算示例如下：

1 示例隧道运行服务质量指数为91.40，服务状况指数FI应取为91.40。

2 按本标准表3.2.4的规定，服务状况指数评价等级应评定为1类。

4 评价资料准备

4.1 设施设备

4.1.1 设施设备清单的里程桩号信息宜与设计图纸或现场相吻合,编码信息宜具备唯一性并能与数字档案管理系统兼容。

4.1.2 土建设施清单宜按构件分类统计,以评价单元划分长度为最小统计长度。清单宜包含隧道名称、线路、设施分类、空间位置、所属评价单元编码、启用时间等信息,可按表2的样式记录。

表2 土建设施统计表

隧道	线路	结构类别	构件类型	起里程	止里程	所属评价单元编码	启用时间
示例隧道	南线	盾构段	管片	SK0+450	SK0+490	×××01	202202
示例隧道	南线	盾构段	接缝及连接构件	SK0+450	SK0+490	×××01	202202
示例隧道	南线	盾构段	车道板及支撑构件(牛腿、立柱、口子件、侧墙)	SK0+450	SK0+490	×××01	202202
...							

4.1.3 机电设备清单宜按单台设备统计,可按表3的样式记录。

表3 机电系统统计表

隧道	设备名称	编码	分系统	子系统	设备类型	位置	启用时间	品牌	型号	正常使用年限
示例隧道	射流风机1	××××01	通风系统	通风子系统	射流风机	SK0+250	202202	××牌	××	20年

续表3

隧道	设备名称	编码	分系统	子系统	设备类型	位置	启用时间	品牌	型号	正常使用年限
示例隧道	射流风机2	××××02	通风系统	通风子系统	射流风机	SK0+350	202202	××牌	××	20年
示例隧道	射流风机3	××××03	通风系统	通风子系统	射流风机	SK0+450	202202	××牌	××	20年
…										

4.1.4 对于独立的附属设施可按单个设施进行统计,对于连续的附属设施可按每100 m一段进行统计,可按表4的样式记录。

表4 附属设施统计表

隧道	线路	设施名称	编码	分设施	子设施	起里程	止里程	启用时间
示例隧道	南线	逃生盖板1	×××01	逃生通道	逃生盖板	SK0+250	SK0+250	202202
示例隧道	南线	逃生盖板2	×××02	逃生通道	逃生盖板	SK0+350	SK0+350	202202
示例隧道	南线	逃生盖板3	×××03	逃生通道	逃生盖板	SK0+450	SK0+450	202202
示例隧道	南线	搪瓷钢板1	×××01	装饰层	侧墙装饰(装饰板、涂料、墙砖)	SK0+300	SK0+400	202202
…								

4.2 养护运行记录

4.2.1 养护维修记录应记录足够信息以符合评价需求。日常记录应详尽,如日常检查土建设施病害应按本标准附录A.1节定义的病害类型进行检查,并记录评定病害严重程度所需的参数。

4.2.2 日常运行记录应满足本标准第 8 章运行服务评价指标计算的需求,宜按线路提供运行记录,线路为隧道单孔单向通行的道路,如上行、下行、南线、北线等。

4.2.3 检测隧道高峰期内一氧化碳浓度和烟雾浓度,可采用隧道内安装的 CO/VI 自动检测仪对隧道进出口、各工作井等定点位置进行测量。隧道未安装自动检测仪或自动检测仪器精度不满足要求时可采用手持式气体检测仪、烟雾浓度检测仪进行测量。隧道照明状况检测应符合现行国家标准《照明测量方法》GB/T 5700 的规定,采用手持式照度检测仪测量路面照度,应至少测量入口加强照明段、基本照明段、出口加强照明段 3 个区段的照明状况,并计算各区段的平均照度及照度总均匀度指标。

5 土建设施

5.1 评价对象

5.1.2 盾构法隧道、沉管法隧道和明挖法隧道在结构形式上有明显的不同,包含不同的构件,本标准分别给出这三种隧道土建设施的结构类别。

5.1.3 不同施工方法隧道的结构类别不同,结构安全关注的侧重点有所区别,故本标准对盾构法隧道、沉管法隧道和明挖法隧道分别进行结构类别的权重取值。考虑不同隧道盾构段、沉管段、暗埋段和敞开段等主体结构段的长度差异较大,故本标准对这几类结构按长度占比进行权重取值,其他结构类别按固定权重。盾构法隧道、沉管法隧道和明挖法隧道的结构区段划分如图1所示。

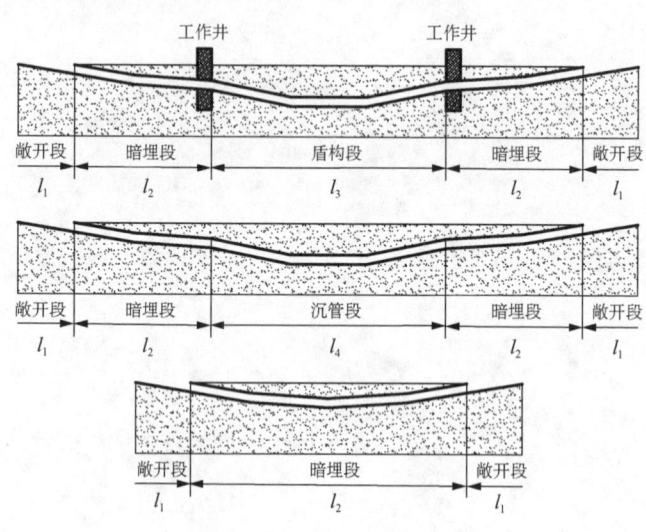

图1 隧道结构区段划分

5.2 评价流程

5.2.4 由于沉降、收敛变形、渗漏水情况、混凝土老化及强度对隧道结构安全影响较大,因此本标准选取沉降曲率、年度差异沉降、断面收敛、平均渗漏水量、承重构件混凝土碳化系数及混凝土强度作为控制指标,对有指标超阈值的结构类别进行扣分。年度差异沉降指变形缝或接头两侧测点间的年度累计沉降量差值;沉降曲率指纵断面相对变形,是由相邻三个纵向沉降测点所拟合圆弧的曲率,其中横坐标为里程,纵坐标为沉降量;平均渗漏水量为各结构类别区段的平均渗漏水量测量值;混凝土碳化系数为承重构件的碳化深度平均值与实测保护层厚度平均值的比值;混凝土强度指标为测量的推定强度均质系数或平均强度均质系数。

根据已有研究成果和工程经验,隧道的纵向变形、横断面变形以及结构接缝变形是反映隧道能否正常运行的重要指标。上海市工程建设规范《盾构法隧道结构服役性能鉴定规范》DG/TJ 08—2123—2013 的附录 H 给出了隧道结构区段相对变形控制指标,附录 G 给出了结构连接允许变形量参考值。其中,盾构段纵断面相对变形允许值 k 取值范围为 1/15 000~1/7 500,横断面相对变形允许值取值范围为 3‰~5‰;明挖段变形缝允许错台量参考值为 10 mm~15 mm。本标准取沉降曲率 1/10 000、横断面相对变形 5‰和年度差异沉降 10 mm 为控制指标的阈值。

根据现行国家标准《地下工程防水技术规范》GB 50108 中二级防水等级要求,隧道任意 100 m² 防水面积上的渗漏水量不大于 0.15 L/(m²·d),本标准取 0.15 L/(m²·d)为平均渗漏水量控制指标的阈值。

混凝土老化指标按行业标准《公路桥梁承载能力检测评定规程》JTG/T J21—2011 中第 5.3.7 条的规定,选取评定标度在 4 及以下的混凝土碳化深度平均值与实测保护层厚度平均值的比值作为控制指标阈值。混凝土强度指标按行业标准《公路桥梁承载能力检测评定规程》JTG/T J21—2011 中第 5.3.5 条的规定，选取评定标度在 4 及以下的混凝土推定强度均质系数及平均强度均质系数作为控制指标阈值。

5.2.6 本标准路面评价指标中路面行驶质量指数 RQI 和路面损坏状况指数 PCI 的计算方法按现行行业标准《城镇道路养护技术规范》CJJ 36 的有关规定执行，路面抗滑性能指数 SRI 的计算按现行行业标准《公路技术性能评定标准》JTG 5210 的有关规定执行。

路面评价单元的技术性能指数计算权重取值，参照现行行业标准《城镇道路养护技术规范》CJJ 36 和《公路技术性能评定标准》JTG 5210 中对主干路或快速路、高速公路或一级公路的评价指标权重。

5.3 等级评定

5.3.1 对于不同线路在结构上相对独立的隧道，土建设施应按线路分别进行技术性能指数的评价计算。对于不同线路在结构上为同一结构的隧道，如有上、下层线路的双层隧道，土建设施评价应算为一条线路进行评价计算。

5.3.3 土建设施技术状况的等级评定根据土建设施技术性能指数，按本标准表 5.3.3 进行。土建设施技术性能指数的计算及等级评定示例如下：

    1 结构类别权重计算如下：

        1）示例隧道各结构类别的长度见表 5。

        2）按本标准表 5.1.3 的规定，可计算得到示例隧道的结构类别权重，南线盾构段的权重计算过程如示例 1 所示，所有结构类别的权重计算结果如表 6 所示。

        示例 1：$\omega_3 = \dfrac{l_3}{L_r} \times 0.60 = \dfrac{3.0}{4.0} \times 0.60 = 0.45$

表 5　示例隧道结构类别长度划分　　　　　　　　　　单位：km

线路	敞开段	暗埋段	盾构段	总长度
南线	0.2	0.8	3.0	4.0
北线	0.2	0.8	3.0	4.0

表 6　示例隧道结构类别权重

线路	敞开段	暗埋段	盾构段	工作井	通风结构	横通道	路面
南线	0.03	0.12	0.45	0.10	0.07	0.08	0.15
北线	0.03	0.12	0.45	0.10	0.07	0.08	0.15

2 构件类型评价计算如下：

1) 示例隧道南线盾构段 1 号评价单元包括了管片、接缝及连接构件、车道板及支撑构件（牛腿、立柱、口子件、侧墙）、烟道板及支撑构件（牛腿）等构件类型，相关构件类型的病害统计如表 7 所示。

2) 按本标准公式（5.2.2）可计算得盾构段 1 号评价单元中各构件类型的评分值。

3) 构件类型"接缝及连接构件"的评分值计算过程如示例 2 所示，构件类型"车道板及支撑构件（牛腿、立柱、口子件、侧墙）"的评分值计算过程如示例 3 所示。

示例 2：$T_{112} = 100 - \sum_{m=1}^{2} B_{2m} = 100 - (10 + 10) = 80$

示例 3：$T_{113} = 100 - \sum_{m=1}^{1} B_{3m} = 100 - 10 = 90$

表 7　示例隧道南线盾构段 1 号评价单元土建结构病害统计

线路	结构类别	评价单元序号	构件类型	病害类型	病害描述	扣分值
南线	盾构段	1	接缝及连接构件	钢结构锈蚀	钢构件的涂层剥落	10

续表7

线路	结构类别	评价单元序号	构件类型	病害类型	病害描述	扣分值
南线	盾构段	1	接缝及连接构件	渗漏	隧道结构背水面呈现出明显色泽变化,出现渗水	10
南线	盾构段	1	车道板及支撑构件(牛腿、立柱、口子件、侧墙)	混凝土裂缝	发现该隧道单元混凝土表面出现少量轻微裂缝,宽度≤0.2 mm	10

3 评价单元评价计算如下:

1) 构件类型权重可按本标准附录C中表C.0.1取值。
2) 按本标准公式(5.2.3)可计算得到南线结构类别评价单元的技术性能指数,盾构段1号评价单元的技术性能指数计算过程如示例4所示;若该隧道盾构段无"烟道板及支持构件(牛腿)"构件类型,则盾构段1号评价单元的评分计算过程如示例5所示。
3) 依次可计算出南线各结构类别中每个评价单元评分及评分平均值,如表8所示。

示例4:$T_{11} = \dfrac{0.30 \times 80 + 0.20 \times 90 + 0.40 \times 100 + 0.10 \times 100}{0.40 + 0.30 + 0.20 + 0.10}$
$= 92.0$

示例5:$T_{11} = \dfrac{0.30 \times 80 + 0.20 \times 90 + 0.40 \times 100}{0.40 + 0.30 + 0.20} = 91.1$

表8 示例隧道南线评价单元评分

线路	结构类别	评价单元评分				评分平均值
		1	2	…	n	
南线	敞开段	100.0	90.0	…	94.0	93.0
南线	暗埋段	98.0	100.0	…	93.0	92.0

续表8

线路	结构类别	评价单元评分				评分平均值
		1	2	…	n	
南线	盾构段	92.0	95.8	…	98.0	96.0
南线	工作井	100.0	90.0	…	90.0	92.0
南线	通风结构	100.0	100.0	…	100.0	100.0
南线	横通道	90.0	100.0	…	100.0	98.0

4 控制指标评价计算如下：

1）控制指标阈值应按本标准表5.2.4的规定取值。
2）示例隧道土建控制指标测量值及超标扣分情况如表9所示。

表9 示例隧道南线土建控制指标统计

线路	结构类别	指标项	指标测量值	指标阈值	扣分值
南线	盾构段	断面收敛	6‰	5‰	20
南线	盾构段	沉降曲率	1/15 000	1/10 000	0
南线	盾构段	盾构段平均渗漏水量	0.05 L/(m²·d)	0.15 L/(m²·d)	0
南线	暗埋段	年度差异沉降量	11 mm	10 mm	10
南线	暗埋段	暗埋段平均渗漏水量	0.25 L/(m²·d)	0.15 L/(m²·d)	5
南线	敞开段	敞开段平均渗漏水量	0.08 L/(m²·d)	0.15 L/(m²·d)	0
南线	敞开段	年度差异沉降量	12 mm	10 mm	10

5 结构类别评价计算如下：

1）根据表8中各结构类别评价单元评分平均值和表9中各结构类别的扣分值，按本标准公式（5.2.5）可计算得到土建结构的结构类别技术性指数。盾构段技术性能指数计算过程如示例6所示，暗埋段技术性能指数计算过程如示例7所示。
2）示例隧道南线所有结构类别的技术性能指数计算结果

见表10。

示例6：$TJCI_1 = 96.0 - 20 = 76.0$

示例7：$TJCI_2 = 92.0 - (10 + 5) = 77.0$

表10 示例隧道南线结构类别技术性能指数

结构类别	敞开段	暗埋段	盾构段	工作井	通风结构	横通道
技术性能评分	83.0	77.0	76.0	92.0	100.0	98.0

6 路面评价计算如下：

1) 示例隧道南线路面1号评价单元 IRI 测量值为2.5，SFC 测量值为45，路面破损情况如表11所示。

2) 按本标准公式(5.2.6-1)可计算得到1号评价单元的 RQI 指标，计算过程如示例8所示。

3) 按本标准公式(5.2.6-5)可计算得到1号评价单元的 SRI 指标，计算过程如示例9所示。

4) 按本标准公式(5.2.6-4)可计算得到1号评价单元的 u_{ij} 值，计算过程如示例10所示；按本标准公式(5.2.6-3)可计算得到1号评价单元的 ω_{ij} 值，计算过程如示例11、示例12所示；按本标准公式(5.2.6-2)可计算得到1号评价单元的 PCI 指标，计算过程如示例13所示。

5) 按本标准公式(5.2.6-6)可计算得到1号路面评价单元的技术性能指数，计算过程如示例14所示。

6) 示例隧道南线路面所有评价单元的技术性能指数计算结果见表12，按本标准公式(5.2.6-7)可计算得到南线的路面技术性能指数为86.30。

示例8：$RQI_1 = 4.98 - 0.34 \times 2.5 = 4.13$

示例9：$SRI_1 = \dfrac{100 - 35}{1 + 28.6 e^{-0.105 \times 45}} + 35 = 86.83$

示例10：$u_{11} = \dfrac{8}{13} = 0.615$，$u_{12} = \dfrac{5}{13} = 0.385$

示例11：$\omega_{11}=3.0\times(0.615)^3-5.5\times(0.615)^2+3.5\times0.615=0.77$

示例12：$\omega_{12}=3.0\times(0.385)^3-5.5\times(0.385)^2+3.5\times0.385=0.70$

示例13：$PCI_1=100-0.77\times8-0.70\times5=90.34$

示例14：$RCI_1=0.54\times20\times4.13+0.36\times90.34+0.1\times86.83=85.81$

表11 示例隧道南线路面1号评价单元病害统计

线路	结构类别	车道	评价单元序号	损坏类型	损坏密度（%）	扣分值
南线	路面	1	1	线裂	1.0	8
南线	路面	1	1	剥落	0.1	5

表12 示例隧道南线路面评价单元评分

线路	评价单元编号	评价单元分数	RQI	PCI	SRI
南线	1	85.81	4.13	90.34	86.83
南线	2	86.13	4.23	88.60	85.45
南线	…	…	…	…	…
南线	n	86.82	4.05	94.50	90.60
南线	平均值	86.30	—	—	—

7 土建设施技术性能评价计算如下：

1) 根据结构类别技术性能指数计算结果，按本标准公式（5.3.1）可计算得到南线的土建设施技术性能指数，计算过程如示例15所示，计算得到南线的土建设施技术性能指数为82.92。

2) 示例隧道北线的土建设施技术性能指数为92.65，按本标准公式（5.3.2）可计算得到土建设施技术性能指数，计算过程如示例16所示，计算得到土建设施技术性能指数为87.79。

示例15：

$$TJCI_1 = \frac{0.03\times83+0.12\times77+0.45\times76+0.1\times92+0.07\times100+0.08\times98+0.15\times86.3}{0.03+0.12+0.45+0.1+0.07+0.08+0.15}$$
$$= 82.92$$

示例16：$TJCI = \dfrac{82.92\times4+92.65\times4}{4+4} = 87.79$

8 按本标准表5.3.3的规定，土建设施技术性能指数为87.79，评价等级应评定为2类。

5.3.4 按病害数量扣分再加权平均的评价方式无法在分数上体现个别极端严重病害的影响，而个别极端严重病害可能严重影响隧道结构安全和运行安全。本标准参照现行行业标准《公路隧道养护技术规范》JTG H12，对出现一些严重影响结构安全和运行安全的情况，将土建设施技术性能直接评定为5类，土建设施技术性能指数可按50取值。

6 机电系统

6.1 评价对象

6.1.1 本标准涵盖了机电系统所涉及的主要机电设备,按照设备的服役特性及重要性程度,对设备进行重要性分级。此外,按照设备功能将机电系统划分为七大类机电分系统,即综合监控系统、通信系统、火灾报警和消防系统、通风系统、排水系统、供配电系统和照明系统。

6.1.2 根据机电分系统的功能特性,进一步细分机电子系统和设备类型。机电系统评价按自下而上的逻辑,分别对设备完好率、子系统完好率、分系统完好率及机电系统技术性能指数进行分层计算评价。按照最不利原则,机电系统评价重点考虑了重要度为 A 类的机电设备完好情况。

6.2 评价流程

6.2.2 机电子系统的完好率计算采用子系统内设备的平均完好率。本标准公式(6.2.2)参照行业标准《公路隧道养护技术规范》JTG H12—2015 中公式(5.9.3),对公式表达进行了优化使其更严谨。主要调整为:将公式中的文字改为符号表达;实际中每台设备故障时间并不一致,因此将设备故障数量乘以天数改为所有设备每次故障时间的求和;将最不利原则的表达融入公式中。子系统完好率计算运用的最不利原则为:对于该子系统中的 A 类设备,如果完好率低于该子系统所有设备的平均完好率,则采用 A 类设备的完好率作为该子系统的完好率。最不利原则体现了 A

类设备的故障对隧道实际运行产生较大的不利影响。

6.3 等级评定

6.3.1 本标准机电分系统技术性能等级的划定,参照了行业标准《公路隧道养护技术规范》JTG H12—2015中第5.9.4条的规定制定。在《公路隧道养护技术规范》JTG H12—2015规定的基础上,结合本市实际情况及本标准各章节的一致性作了细节的调整。主要调整内容如下:

1 由于本市道路隧道主要为城市道路,相对于公路隧道照明要求较高,因此提高照明系统技术性能等级对完好率的要求。

2 为保持本标准各章节间的协调,技术性能等级划分统一采用5级,故在《公路隧道养护技术规范》JTG H12—2015规定的基础上增加第5类等级。

3 考虑本市实际情况,2类、3类、4类等级对完好率的要求,均较《公路隧道养护技术规范》JTG H12—2015的规定提高1‰~4‰。

4 火灾报警和消防系统保持100%完好率为理想状况,对该系统的1类等级完好率要求调整为不低于99.5%。

6.3.2 采用公式(6.3.2)将分系统完好率转换为百分制计算机电系统的技术性能指数,通过不同标定参数的设定以保持分系统各完好率评定等级与机电系统技术性能指数评定等级相协调。通信系统完好率转换为百分制后的函数曲线如图2所示。

6.3.3 机电系统技术性能指数计算及等级评定示例。

1 子系统设备完好率评价计算如下:

1) 示例隧道火灾报警子系统各类设备数量及全年故障情况如表13所示。

2) 根据表13中数据可计算出子系统设备总件数 N 为 407 件,其中 A 类设备总件数 N_a 为 254 件;总故障时间 $\sum_{k=1}^{N} t_k$ 为 830 h,其中 A 类设备总故障时间 $\sum_{a=1}^{N_a} t_a$ 为

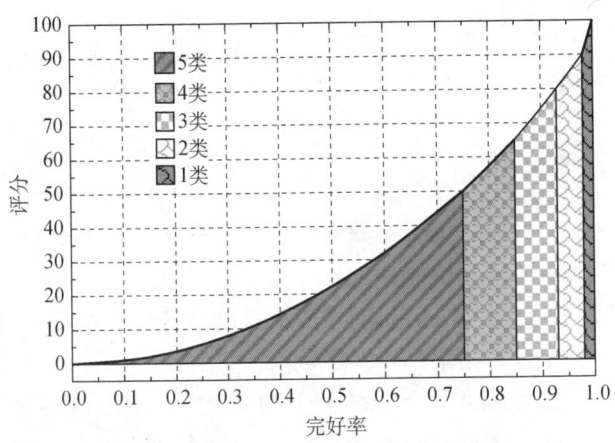

图 2　通信系统完好率与评分对应曲线

700 h。

3) 按本标准公式(6.2.2)可分别计算出火灾报警子系统中所有设备的完好率和 A 类设备的完好率,得到该子系统设备完好率,计算过程如示例 1 所示。

示例 1: $JDCI_{31} = \min\left[\left(1 - \frac{830}{407 \times 24 \times 365}\right) \times 100\%, \left(1 - \frac{700}{254 \times 24 \times 365}\right) \times 100\%\right]$
$= \min(99.9767\%, 99.9685\%) = 99.9685\%$

表 13　示例隧道火灾报警子系统设备数量及故障情况

设备类型	设备数量(件)	故障时间(h)	重要度
火灾报警控制器	22	50	A
火灾显示盘	3	30	C
区域模块控制器	4	0	A
火灾报警探测器	112	400	A

续表13

设备类型	设备数量(件)	故障时间(h)	重要度
手动报警按钮	110	250	A
消防电话	6	0	A
光电标志	150	100	C
合计	407	830	—

2 分系统技术性能评价计算如下：

1) 示例隧道火灾报警和消防系统中各子系统的设备完好率计算结果如表14所示。
2) 按本标准附录D中表D.0.2的规定取子系统权重值，并按本标准公式(6.2.3)可计算得到分系统完好率，计算过程如示例2所示。

示例2：$JDCI_3 = \dfrac{99.9685\% \times 0.55 + 99.6987\% \times 0.45}{0.55 + 0.45}$
$= 99.8471\%$

表14 示例隧道火灾报警和消防系统中子系统设备完好率

火灾报警和消防系统	子系统完好率 $JDCI_{ij}$
火灾报警子系统	99.9685%
消防子系统	99.6987%

3 分系统技术性能等级评定按本标准表6.3.1的规定执行，火灾报警和消防系统的完好率为99.8471%，应评定为1类。示例隧道各分系统完好率计算结果及等级如表15所示。

表15 示例隧道机电分系统完好率

机电分系统	分系统完好率 $JDCI_i$	评定的等级
综合监控系统	99.8667%	1类
通信系统	100.0000%	1类
火灾报警和消防系统	99.8471%	1类

续表15

机电分系统	分系统完好率 $JDCI_i$	评定的等级
通风系统	89.8120%	3类
排水系统	96.9204%	2类
供配电系统	99.9995%	1类
照明系统	78.7083%	4类

4 机电系统技术性能评价计算如下：

1) 按本标准附录D中表D.0.2和表D.0.3的规定可分别选取分系统权重和计算标定参数。
2) 按本标准公式(6.3.2)可计算机电系统技术性能指数，计算过程如示例3所示，计算结果为90.38。

示例3：
$$\begin{aligned}JDCI = & \{[252.525 \times (99.8667\%)^2 - 152.525] \times 0.17 + \\ & [252.525 \times (100\%)^2 - 152.525] \times 0.12 + \\ & [1\,002.506 \times (99.8471\%)^2 - 902.506] \times 0.25 + \\ & [119.713 \times (89.812\%)^2 - 23.54] \times 0.11 + \\ & [104.712 \times (96.9204\%)^2 - 10.565] \times 0.12 + \\ & [252.525 \times (99.9995\%)^2 - 152.525] \times 0.12 + \\ & [93.75 \times (78.7083\%)^2 - 2.734] \times 0.11\} \times \\ & \frac{1}{0.17 + 0.12 + 0.25 + 0.11 + 0.12 + 0.12 + 0.11} \\ = & (99.327 \times 0.17 + 100.000 \times 0.12 + 99.367 \times 0.25 + \\ & 73.023 \times 0.11 + 87.797 \times 0.12 + 99.997 \times 0.12 + \\ & 55.344 \times 0.11) \times 1 \\ = & 90.38\end{aligned}$$

5 按本标准表6.3.3的规定,机电系统技术性能指数为90.38,评价等级应评定为1类。

6.3.4 机电系统对保障道路隧道的安全运行十分重要,参照本标准5.3.4条的做法,对于一些严重影响隧道运行安全的情况,将电系统的技术性能直接评定为5类,机电系统性能指数可按50取值。严重影响隧道运行安全的情况被处置后,应重新评定机电系统技术性能。

7 附属设施

7.2 评价流程

7.2.1 本标准附属设施的评价方法参照现行行业标准《公路隧道养护技术规范》JTG H12,对附属设施各子设施制定以定性为主、定量为辅的缺陷评定标准进行评价计算。计算方法按照扣分法进行,有一处缺陷扣一次分。附属设施评价方法较本标准土建设施的评价方法进行简化,不划分评价单元,不设置控制指标。同时考虑隧道不同长度的影响,在计算公式中引入线路长度参数,以单公里的附属设施扣分值进行评价计算。

7.2.2 附属设施子设施若为独立设施,如逃生盖板,应按本标准附录 A.2.1 的规定逐个设施进行技术性能等级评价并计算扣分值;若为连续设施,如防火装饰板(防火涂料),应按附录 A.2.1 规定的区段划分,逐段进行技术性能等级评价并计算扣分值。最后根据各类子设施的扣分值,计算子设施技术性能指数。

7.3 等级评定

7.3.1 附属设施评价方法同土建设施评价,按线路分别进行评价计算。不同于土建设施,对于双层隧道虽然在主体结构上为一体,但附属设施相对独立,因此作为独立的两条线路。对于多条线路共用的子设施,如办公用房,在评价计算时可归算到任意一条线路上。

7.3.3 附属设施技术性能指数的计算和等级评定示例。

1 子设施技术性能评价计算如下:

1) 示例隧道南线、北线两条线路的长度均为 4 km。
2) 按本标准附录 A.2.1 的相关规定可对示例隧道附属设施子设施进行扣分,南线逃生通道中各子设施扣分情况如表 16 所示。
3) 按本标准公式(7.2.2)的规定可计算出南线逃生通道中各子设施的技术性能指数,计算过程如示例 1 所示。

示例 1:$FSCI_{11} = 100 - \dfrac{10+50}{4} = 85.0$

$FSCI_{12} = 100 - \dfrac{10+10+10}{4} = 92.5$

$FSCI_{13} = 100 - \dfrac{10}{4} = 97.5$

表 16 示例隧道附属设施子设施技术性能扣分

线路	线路长度(km)	分设施	子设施	病害1扣分	病害2扣分	病害3扣分
南线	4	逃生通道	逃生盖板	10	50	—
南线	4	逃生通道	滑梯通道(逃生楼梯)	10	10	10
南线	4	逃生通道	安全防护门	10	—	—

2 分设施技术性能评价计算如下:
1) 可按本标准附录 E 中表 E.0.1 的规定取各子设施的权重值。
2) 按本标准公式(7.2.3)可计算分设施的技术性能指数,南线逃生通道的技术性能指数计算过程如示例 2 所示。

示例 2:$FSCI_1 = \dfrac{0.35 \times 85.0 + 0.30 \times 92.5 + 0.35 \times 97.5}{0.35 + 0.30 + 0.35}$
$= 91.6$

3 线路的附属设施技术性能评价计算如下:
1) 示例隧道南线、北线各分设施的技术性能指数计算结果如表 17 所示。

2) 可按本标准附录 E 中表 E.0.1 取各分设施的权重值。
3) 按本标准公式(7.3.1)可分别计算出南线、北线的附属设施技术性能指数,计算过程分别如示例 3、示例 4 所示。

表 17 示例隧道附属设施分设施技术性能指数

分设施	逃生通道	装饰层	交通安全设施	排水设施	光过渡建筑	消防设施	管理用房	其他
南线	91.6	91.4	85.0	95.0	100.0	100.0	98.0	95.0
北线	90.0	95.0	90.0	92.0	100.0	100.0	98.0	95.0

示例 3:
$$FSCI_1 = \frac{0.15 \times 91.6 + 0.15 \times 91.4 + 0.25 \times 85 + 0.15 \times 95 + 0.05 \times 100 + 0.10 \times 100 + 0.10 \times 98 + 0.05 \times 95}{0.15 + 0.15 + 0.25 + 0.15 + 0.05 + 0.10 + 0.10 + 0.05}$$
$$= 92.50$$

示例 4:
$$FSCI_2 = \frac{0.15 \times 90 + 0.15 \times 95 + 0.25 \times 90 + 0.15 \times 92 + 0.05 \times 100 + 0.10 \times 100 + 0.10 \times 98 + 0.05 \times 95}{0.15 + 0.15 + 0.25 + 0.15 + 0.05 + 0.10 + 0.10 + 0.05}$$
$$= 93.60$$

4 附属设施技术性能评价计算如下:

1) 按本标准公式(7.3.2)可计算得到附属设施技术性能指数,计算过程如示例 5 所示。
2) 按本标准表 7.3.3 的规定,附属设施技术性能指数为 93.05,评价等级应评定为 1 类。

示例 5: $FSCI = \dfrac{92.50 \times 4 + 93.60 \times 4}{4 + 4} = 93.05$

8 运行服务

8.1 评价对象

8.1.1 本标准强调隧道运行的综合服务质量,交通服务评价隧道通行质量,安全服务评价设施的运行安全状况,响应服务评价服务的响应及时性,环境服务评价通行环境状况。交通服务强调隧道提供交通服务的能力和贡献度。安全服务强调隧道的事故和烟雾浓度状况,增加了安全生产事故指标,用于评价因设施缺陷、养护作业或运行服务导致的安全生产事故严重程度。响应服务强调隧道管理单位对用户投诉、牵引排堵和应急的及时响应,增加了应急响应及时率指标,用于评价启动应急预案的情况。环境服务强调隧道的照明、废水排放、保洁、标线和节能环保状况,增加了节能环保评价,用于评价隧道管理单位为促进低碳环保采取的措施。

8.2 评价流程

8.2.3 高峰期饱和度反映了隧道在高峰期的交通服务能力。对于城市隧道高峰期通常按照工作日的7点到9点和17点到19点统计,具体统计时段可以根据隧道特点调整。选取数据时,日高峰时段应大于等于4 h。DTI的等级划分,参照行业标准《城市道路工程设计规范》CJJ 37—2012中表4.2.3的规定进行取值。

隧道设计通行能力为隧道双向的通行能力设计值。当设计值缺失时,可以一条车道的设计通行能力乘以隧道车道数进行计算,一条车道的设计通行能力按可按表18的规定取值。表18的取值参照了行业标准《城市道路工程设计规范》CJJ 37—2012 中表 4.2.2 和表 4.3.2 的规定。

交通服务量反映了隧道全年的交通服务能力。年平均日交通量设计值缺失的情况下,可按表 19 的规定取值。表 19 的取值参照了行业标准《城市道路工程设计规范》CJJ 37—2012 条文说明第 4.2.4 条中表 1 的规定。本标准表 8.2.3-3 的车型换算系数按行业标准《城市道路工程设计规范》CJJ 37—2012 中表 4.1.2 的规定取值。对于实际车型数据获取困难的隧道,在货车限行的情况下,可不进行车型换算,简化采用实测年平均交通量进行评价。

隧道内高峰期的平均行驶速度反映了隧道高峰期的拥堵情况。本标准表 8.2.3-4 中高峰期平均行驶速度等级的划分按国家标准《城市交通运行状况评价规范》GB/T 33171—2016 中第 8.1 条表 2 的规定取值。

表 18 一条车道的设计通行能力参考值

隧道限速(km/h)	一条车道的设计通行能力(pcu/h)
100	2 000
80	1 750
60	1 400
40	1 300

表 19 年平均日交通量参考值

隧道限速(km/h)	年平均日交通量(pcu/d)		
	四车道	六车道	八车道
100	80 000	120 000	160 000
80	51 200	76 800	102 000
60	39 600	59 400	79 200
40	36 300	54 500	72 600

8.2.4 交通事故率反映在隧道内发生交通事故概率的大小,本

条的制定鼓励隧道管理中采取相应措施降低交通事故率,保障行车安全。本标准表8.2.4-1中交通事故率等级的划分参考本市25条道路隧道的实际事故率统计结果制定,本市部分隧道事故率统计结果如图3所示。根据统计结果,8%的隧道处于1级,40%的隧道处于2级,32%的隧道处于3级,20%的隧道处于4级,无隧道处于5级。

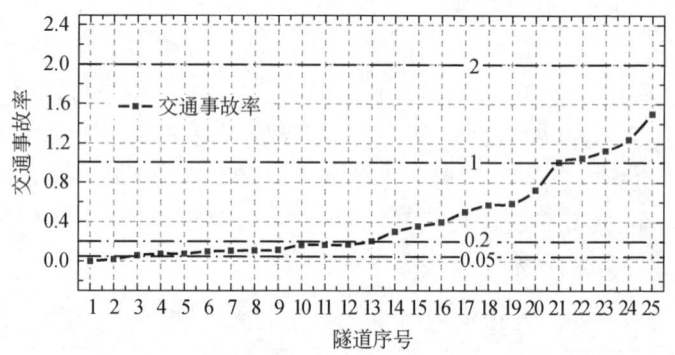

图3 本市部分道路隧道事故率统计

8.2.6 选取隧道基本照明段平均照度指标,评价隧道内明亮情况;选取隧道基本照明段照度总均匀度指标,评价隧道内照明的均匀状况;选取隧道入口加强照明段平均照度指标,评价驶入隧道的"黑洞"效应情况;选取隧道出口加强照明段平均照度指标,评价驶出隧道的"白洞"效应情况。这四个指标综合反映了隧道的照明状况,以它们评价分数的算术平均值作为照明状况的评分。对于有多条线路的隧道,可分线路进行评价,以多条线路评价结果的平均值作为该隧道的照明状况评分。

隧道外观保洁效果影响通行人员的行车感官体验,反映了隧道服务的质量。保洁效果不合格标准按照本标准第4.2.3条中第4款的相关规定执行。隧道管理单位日常(每周、月度、季度等)进行隧道保洁效果检查的,选取评价年度不合格数量最多的

5次检查数据,以算术平均值进行评价。若检查次数少于5次,则按实际检查次数的不合格数量算术平均值进行评价计算。

隧道标线清晰、反光性能良好,能帮助通行人员准确识别标线内容及边界。本标准表8.2.6-4中标线逆反射亮度系数的等级划分,参照国家标准《道路交通标线质量要求和检测方法》GB/T 16311—2009中第5.6条的有关规定,选取对新划标线的要求作为1级划分标准,选取对正常使用期间标线的要求作为5级的划分标准。

8.3 等级评定

8.3.3 运行服务质量指数的计算及等级评定示例。

1 子指标评价计算如下:

1) 高峰期饱和度 DTI 计算及分值评定:示例隧道设计通行能力为 5 600 pcu/h,月度车流量统计结果如表 20 所示。根据表 20 统计结果,可计算高峰期平均小时交通量,计算过程如示例 1 所示;示例隧道的按本标准公式(8.2.3-1)可计算出高峰期饱和度,计算过程如示例 2 所示;按本标准表 8.2.3-1 的规定,该隧道高峰期饱和度为 0.234,对应的评分值应为 70 分,属于低车流服务。

表20 示例隧道月度车流量统计表 单位:辆

月份	高峰期车流量(4 h)	总车流量	小客车	大型客车	大型货车	铰接车
1月	176 788	589 294	471 435	100 180	11 786	5 893
2月	125 979	419 930	335 944	71 388	8 399	4 199
3月	173 721	579 071	463 257	98 442	11 581	5 791
4月	167 576	558 586	446 869	94 960	11 172	5 585
5月	170 151	567 171	453 737	96 419	11 343	5 672

续表20

月份	高峰期车流量(4 h)	总车流量	小客车	大型客车	大型货车	铰接车
6月	161 867	539 555	431 644	91 724	10 791	5 396
7月	177 250	590 832	472 666	100 441	11 817	5 908
8月	177 514	591 714	473 371	100 591	11 834	5 918
9月	152 935	509 782	407 826	86 663	10 196	5 097
10月	139 173	463 910	371 128	78 865	9 278	4 639
11月	143 525	478 416	382 733	81 331	9 568	4 784
12月	143 879	479 598	383 678	81 532	9 592	4 796
合计	1 910 358	6 367 859	5 094 288	1 082 536	127 357	63 678

示例1：$q = 1\,910\,358 \div 365 \div 4 = 1\,308$ pcu/h

示例2：$DTI = \dfrac{1\,308}{5\,600} = 0.234$

2) 交通服务量 AADT 计算及分值评定：示例隧道年平均日交通量设计值为 39 600 pcu/d，按表20取车流量数据，按本标准表8.2.3-3的规定取换算系数，按本标准公式(8.2.3-2)可计算得到隧道的交通服务量指标值，计算过程如示例3所示，得到实测值比设计值为0.537。当无法获取隧道车型数据且隧道禁止货车通行时，可不进行车型换算，采用日平均交通量作为评价指标，计算过程如示例4所示。按本标准表8.2.3-2的规定该隧道交通服务量评分值应为80分，属于较低交通服务量。

示例3：$AADT = \dfrac{1}{365}(5\,094\,288 \times 1.0 + 1\,082\,536 \times 2.0 +$
$\qquad\qquad 127\,357 \times 2.5 + 63\,678 \times 3.0)$
$\qquad = 21\,284$ pcu/d

示例 4:$AADT = \dfrac{1}{365} \times 6\ 367\ 859 = 17\ 446\ \text{pcu/d}$

3) 高峰期平均行驶速度 $\overline{V}$ 计算及分值评定:示例隧道设计限速为 60 km/h,高峰期车辆行驶速度统计结果如表 21 所示。按本标准公式(8.2.3-3)可计算得到隧道的高峰期平均行驶速度为 55.56 km/h,计算过程如示例 5 所示;按本标准表 8.2.3-4 的规定高峰期平均行驶速度评分值应为 100 分,属于畅通。

示例 5:$\overline{V} = \dfrac{1}{10}(50.00 + 55.56 + 57.50 + 58.54 + 57.62 +$
$56.00 + 53.33 + 53.97 + 56.60 + 56.45)$
$= 55.56\ \text{km/h}$

表 21 示例隧道高峰期车辆行驶速度统计表

观察序号	观测路段长度(km)	观测车通过该路段的行程时间(h)	速度(km/h)
1	2.00	0.040	50.00
2	2.50	0.045	55.56
3	2.30	0.040	57.50
4	2.40	0.041	58.54
5	2.42	0.042	57.62
6	2.80	0.050	56.00
7	3.20	0.060	53.33
8	3.40	0.063	53.97
9	3.00	0.053	56.60
10	3.50	0.062	56.45

4) 通行影响率 P_a 计算及分值评定:示例隧道每周封道阻断车辆通行时间统计结果如表 22 所示。按本标准公式(8.2.3-4)可计算得到通行影响率,计算过程如示例 6 所示;

该隧道通行影响率 P_a 为 3.87%,按本标准表 8.2.3-5 的规定,评分值应为 80 分,属于影响轻微。

示例 6: $P_a = \dfrac{4+3+3+3}{24 \times 7 \times 2} \times 100\% = 3.87\%$

表 22　示例隧道每周封道阻断车辆通行时间统计表

养护作业序号	阻断南线通行时间(h)	阻断北线通行时间(h)
1	4	—
2	3	—
3	—	3
4	—	3
合计	7	6

2 分指数评价计算如下:

1) 可按本标准附录 F 中表 F.0.1 选取交通服务指数中子指标的权重。
2) 示例隧道的四项分指数评价计算结果如表 23 所示。按本标准公式(8.3.1)可计算得到服务分指数,交通服务指数计算过程如示例 7 所示。

示例 7: $FWCI_1 = 0.30 \times 70 + 0.25 \times 80 + 0.25 \times 100 + 0.20 \times 80 = 82$

表 23　示例隧道运行服务分指数计算结果

分指数名称	交通服务指数	安全服务指数	响应服务指数	环境服务指数
指数值	82	95	94	92

3 运行服务质量状况评价计算如下:

1) 可按本标准附录 F 中表 F.0.1 选取分指数的权重值。
2) 按本标准公式(8.3.2)可计算得到运行服务质量指数,计算过程如示例 8 所示。
3) 按本标准表 8.3.3 的规定,该隧道运行服务质量指数为91.40,评价等级应评定为1类。

示例8:$FWCI = 0.20 \times 82 + 0.30 \times 95 + 0.25 \times 94 + 0.25 \times 92 = 91.40$

9 评价管理

9.1 数字档案

9.1.1 隧道数字档案是评价管理的基础。本条规定的隧道数字档案中隧道基本信息应覆盖隧道名称、类型、长度、宽度、车道数、衬砌类型、建成时间、运行时间等基础信息。隧道重大养护记录及隧道检查检测数据应符合本标准第4章的有关规定，同时数据能够与隧道设施构件、机电设备等关联。

9.1.2 数字档案管理应实现各类数据的汇集、存储及共享，同时具备数字档案的创建、更新、检索及备份等管理功能。用于数据存储的服务器应配备运行稳定并与硬件相适应的操作系统，网络配置应满足数字档案管理业务要求，网络带宽应满足数字档案资源传输、使用要求，应构建与因特网物理隔离的局域网或基于VPN的外网虚拟专用网络。

9.2 养护决策

9.2.1 隧道养护决策是根据当前评价结果和历史评价结果提供的养护建议，为原则性建议。养护单位需要根据养护建议及全生命周期养护成本估算对养护方案进行具体的拆分和调整。

9.2.3 预防性养护是指为了消除设施设备失效和非计划性生产中断的影响而策划的定期活动；预测性养护是指通过对设施设备状况实施周期性或持续监测，预测故障发生概率而策划的不定期活动；修复性养护是指设施设备发生故障后再进行修复的不定期活动。可基于设施设备重要度、缺陷严重程度、缺陷集中程度和发展趋势以及维修成本综合确定养护策略及养护工艺。

9.2.4 紧急维修是指需立即安排维修计划,优先维修是优先安排养护时间和资源,计划维修是指在周期性养护计划的规划下安排维修计划。